はしがき

『ニューフェイズ』シリーズは、基礎レベルから大学入試レベルへとステップアップしながら新しい入試にも対応できる力を養成することをねらいとした問題集シリーズです。幅広いジャンルから厳選した良質な文章を数多く読み込むことで、あらゆる文章に対応できる読解力が身につくように構成しています。また、大学入学共通テストをはじめとするさまざまな大学入試の出題傾向を参考にした「読み比べ」問題も収録しています。

本書の特色

一．「本文の展開」「重要古語」「読解問題」「文法の整理」からなる問題演習で構成し、各回に計50点を配点しました。

二．巻末付録は、「『読み比べ』問題に取り組む際のポイント」「技能別採点シート」を用意しました。「技能別採点シート」では、各設問についている「設問区分」ごとの点数を集計することができ、自分の弱点を把握することができます。

※本シリーズで取り上げた本文は、問題集の体裁上の配慮により、原典から文章の中略や表記の変更を行ったものもあります。

使い方のポイント

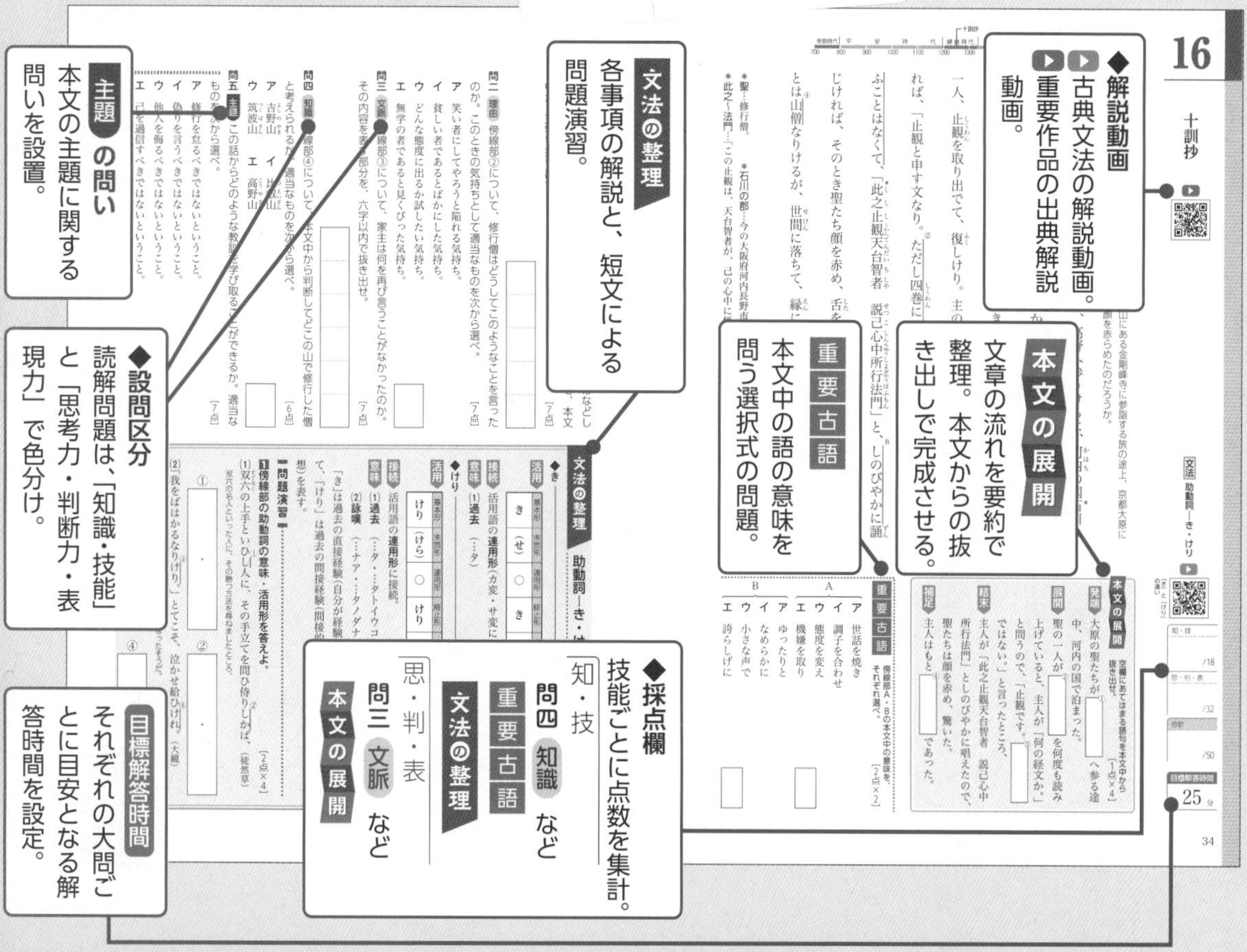

◆解説動画
古典文法の解説動画。重要作品の出典解説動画。
本文の展開
文章の流れを要約で整理。本文からの抜き出しで完成させる。
重要古語
本文中の語の意味を問う選択式の問題。
文法の整理
各事項の解説と、短文による問題演習。
主題の問い
本文の主題に関する問いを設置。
◆設問区分
読解問題は、「知識・技能」と「思考力・判断力・表現力」で色分け。
◆採点欄
技能ごとに点数を集計。
知・技
問四 知識 重要古語 など
思・判・表
問三 文脈 文法の整理 本文の展開 など
目標解答時間
それぞれの大問ごとに目安となる解答時間を設定。

ニューフェイズ古文1

目次

解答のルール

解答欄のマス目の使い方

一マスに一字が基本。とくに指示がない場合、句読点や記号、カギカッコなども字数に数える。原稿用紙とは違うので、行末のマス目に文字と句読点などをいっしょに入れないようにしよう。

字数指定の答え方

十字以内で答えよ↓十字を超えないで答える。

十字程度で答えよ↓十字を少し超えてもよい。

これらの場合、指定字数の八割以上で答えよう。

十字で答えよ↓十字ぴったりで答える。

八字以上十字以内で答えよ↓八字から十字までで答える。

終止形	願望	たし	58	願望（…タイ、…テホシイ）	たく たから	たく たかり	たし	たき	たけれ	○	形容詞型	動詞・助動詞「る」「らる」「す」「さす」の連用形
終止形	推量	べし	42	推量（…ニチガイナイ、…ソウダ、…ダロウ）意志（…ウ、…ヨウ、…ツモリダ）適当（…ノガヨイ、…ノガ適当ダ）当然・義務（…ハズダ、…ナケレバナラナイ、…ベキダ）強い勧誘・命令（…ベキダ、…セヨ）可能（…デキル、…デキルハズダ）	べく べから	べく べかり	べし	べき べかる	べけれ	○	形容詞型	活用語の終止形（ラ変・ラ変型の活用語には連体形に接続） ＊ラ変型の活用語…形容詞（カリ活用）・形容動詞・ラ変型活用の助動詞
終止形	現在推量	らむ〈らん〉	40	現在推量（今ゴロハ…テイルダロウ）現在の原因推量（…ノダロウ、…ダカラダロウ、〈ドウシテ〉…テイルノダロウ）現在の伝聞（…トカイウ、…ソウダ）現在の婉曲（…テイルヨウナ、…ト思ワレル）推量（…ダロウ）	○	○	らむ〈らん〉	らむ〈らん〉	らめ	○	四段型	
終止形	推定	らし	44	推定（…ラシイ、…ニチガイナイ）	○	○	らし	らし（らしき）	らし	○	特殊型	
終止形	推定	めり	46	推定（…ヨウニ見エル、…ヨウダ）婉曲（…ヨウダ）	○	（めり）	めり	める	めれ	○	ラ変型	
終止形	推定	なり	46	推定（…ヨウダ、…ラシイ、…ニチガイナイ）伝聞（…トイウコトダ、…ソウダ、…ト聞イテイル）	○	なり	なり	なる	なれ	○	ラ変型	
終止形	打消推量	まじ	50	打消推量（…ナイダロウ、…マイ）打消意志（…マイ、…ナイツモリダ）禁止・不適当（…テハナラナイ、…ナイホウガヨイ）打消当然（…ベキデハナイ、…ハズガナイ）不可能推量（…デキナイダロウ、…デキソウニナイ）	まじく （まじから）	まじく まじかり	まじ	まじき まじかる	まじけれ	○	形容詞型	
体言・連体形	断定	なり	52	断定（…ダ、…デアル）存在（…ニアル）	なら	なり に	なり	なる	なれ	（なれ）	形容動詞型	体言・活用語の連体形（一部の助詞や副詞にも接続）
体言	断定	たり	52	断定（…ダ、…デアル）	たら	たり と	たり	たる	たれ	（たれ）	形容動詞型	体言
その他	完了	り	36	存続（…テイル、…テアル）完了（…タ、…テシマッタ）	ら	り	り	る	れ	（れ）	ラ変型	サ変の未然形・四段の已然形（四段については命令形に接続するという説もある）
その他	比況	ごとし	58	比況（…ト同ジダ、…ニ似テイル、…ヨウダ）例示（タトエバ…ノヨウダ、タトエバ…ナドダ）	ごとく	ごとく	ごとし	ごとき	○	○	形容詞型	体言・活用語の連体形・格助詞「が」「の」
その他	比況	やうなり		比況（…ヨウダ、…ミタイダ）例示（タトエバ…ヨウダ）様子・状態（…様子ダ、…状態ダ、…ヨウダ）婉曲（…ヨウダ）	やうなら	やうなり やうに	やうなり	やうなる	やうなれ	○	形容動詞型	活用語の連体形・格助詞「が」「の」

文語動詞一覧

ページ	種類	行	語	語幹	未然形	連用形	終止形	連体形	已然形	命令形
12	四段	カ行	聞く	き	か	き	く	く	け	け
12	四段	ハ行	思ふ	おも	は	ひ	ふ	ふ	へ	へ
14	上一段	マ行	見る	（み）	み	み	みる	みる	みれ	みよ
14	上一段	ワ行	居る	（ゐ）	ゐ	ゐ	ゐる	ゐる	ゐれ	ゐよ
14	上二段	ダ行	恥づ	は	ぢ	ぢ	づ	づる	づれ	ぢよ
14	上二段	ヤ行	悔ゆ	く	い	い	ゆ	ゆる	ゆれ	いよ
16	下一段	カ行	蹴る	（け）	け	け	ける	ける	けれ	けよ
16	下二段	ア行	得	（う）	え	え	う	うる	うれ	えよ
16	下二段	サ行	寄す	よ	せ	せ	す	する	すれ	せよ
16	下二段	ハ行	経	（ふ）	へ	へ	ふ	ふる	ふれ	へよ
18	カ変		来	（く）	こ	き	く	くる	くれ	こ （こよ）
18	サ変		す	（す）	せ	し	す	する	すれ	せよ
20	ナ変		死ぬ	し	な	に	ぬ	ぬる	ぬれ	ね
20	ラ変		あり	あ	ら	り	り	る	れ	れ

文語形容詞一覧

ページ	種類	語	語幹	未然形	連用形	終止形	連体形	已然形	命令形
26	ク	なし	な	く から	く かり	し	き かる	けれ	かれ
26	シク	をかし	をか	しく しから	しく しかり	し	しき しかる	しけれ	しかれ

文語形容動詞一覧

ページ	種類	語	語幹	未然形	連用形	終止形	連体形	已然形	命令形
28	ナリ	あはれなり	あはれ	なら	なり に	なり	なる	なれ	（なれ）
28	タリ	堂々たり	堂々	（たら）	たり と	たり	たる	（たれ）	（たれ）

品詞分類表

自立語 ＊単独で文節（文を、音読するとき不自然にならない範囲で区切った単位）になることができる語。

- 活用する ― 述語となる（用言）
  - ウ段で言い切る＊ …… ❶動詞
  - 「し」で言い切る …… ❷形容詞
  - 「なり」「たり」で言い切る …… ❸形容動詞
- 活用しない
  - 主語となる（体言） …… ❹名詞
  - 主語とならない
    - 修飾語となる
      - 用言を修飾 …… ❺副詞
      - 体言を修飾 …… ❻連体詞
    - 修飾語とならない
      - 接続する …… ❼接続詞
      - 接続しない …… ❽感動詞

＊ラ変動詞は「り」で言い切る。

付属語 ＊単独で文節になることができない語。

- 活用する …… ❾助動詞
- 活用しない …… ❿助詞

【各品詞の例語】

❶**動　詞**…行く・着る・恋ふ・往ぬ
❷**形容詞**…多し・かなし・いみじ
❸**形容動詞**…おろかなり・つれづれなり
❹**名　詞**…紫式部・天の橋立（固有名詞）
花・心・神官・道（普通名詞）
二つ・三番・二月（数詞）
こと・ため・まま（形式名詞）
❺**副　詞**…かく・つくづくと・かさねて
うたて・げに・やうやう
いさ・いかが・あに・たとひ
ゆめ・いかで・あたかも
❻**連体詞**…あらゆる・さる・きたる
❼**接続詞**…されど・さて・しかるに
❽**感動詞**…いざ・えい・あはれ・あな
❾**助動詞**…る・ず・けり・べし・なり
❿**助　詞**…が・の・を・に・と（格助詞）
ば・が・て・つつ（接続助詞）
だに・さへ・ばかり（副助詞）
は・も・ぞ・なむ・や・か・こそ（係助詞）
な・ばや・かな・よ（終助詞）
や・を（間投助詞）

記述問題の答え方

理由を説明せよ、～はなぜか→解答の文末を「～から。」「～ので。」とする。

～はどういうことか→解答の文末を「～こと。」とする。

～はどのような心情か→解答の文末を「～（という）心情（気持ち）。」とする。

読みの答え方

歴史的仮名遣いの読み方→指定がない場合は平仮名・現代仮名遣いで答える。

例 法師→

○ほうし〈現代仮名遣い〉

×ほふし〈歴史的仮名遣い〉

×ほーし〈現代の発音〉

解説動画アイコン

▶ 出典

▶ 古典文法

1 御伽草子《おとぎざうし》

食用の竹の子で知られる中国原産の竹に、「孟宗竹《もうそうちく》」がある。幼くして父と死別し、老いた母を養う孟宗少年の話にちなんだ名であることが、次の話からわかる。

*孟宗《まうそう》は、いとけなくして（幼くして）母を養へり。母、年老いてつねに病《や》みいたはり[A]、食*の味はひも度《たび》ごとに変はりければ（その時々に変わったので）、①よしなきものを望めり。冬のことなるに、竹の子をほしく思へり。すなはち[B]、孟宗、竹林に行き、求むれども、雪深き折なれば、などかたやすく得《う》べき（どうして容易に入手できようか、いや、できるはずがない）。ひとへに天道《てんたう》*の御あはれみを頼み奉《たてまつ》るとて（ご慈悲をお頼み申し上げると言って）、②祈りをかけて、③大きに悲しみ、竹に寄り添ひけるところに、④にはかに大地《だいぢ》開《ひら》け、竹の子あまた生《お》ひ出《い》で侍《はべ》りける。大きに喜び、すなはち取りて帰り（すぐに採って帰り）、あつ*ものに作り、母に与へ侍りければ、母、これを食して、そのまま病《やまひ》も癒《い》えて、齢《よはひ》を延《の》べたり。これ、ひとへに（もっぱら）孝行《かうかう》の深き心を感じて、⑤天道より与へ給《たま》へり。

*孟宗…中国の三国時代（二二〇～二六四年）における呉《ご》の国の少年の名。　*食の味はひ…食事の好み。　*天道…天の神様。　*あつもの…汁。吸い物。

文法 歴史的仮名遣い
歴史的仮名遣いの読み方

本文の展開

空欄にあてはまる語句を本文中から抜き出せ。［1点×4］

起 孟宗少年は、年老いた病気の母を養っていた。

承 老母が、冬に［①　　］を食べたがったが、手に入らず天の神様に祈った。

転 すると、［②　　］が開いて、たくさんの竹の子が生えて出た。

結 吸い物にして老母に食べさせると、病気が治り、［③　　］が延びた。

作者の意見・感想 これは、天の神様が孟宗少年の［④　　］を感受されたのだ。

重要古語

傍線部A・Bの本文中の意味を、それぞれ選べ。［2点×2］

A
ア 苦しみ
イ 親切に世話をし
ウ あわれみをかけ
エ 治療をし

［　　］

B
ア それなのに
イ そもそも
ウ つまり
エ そこで

［　　］

知・技	/14
思・判・表	/36
合計	/50

目標解答時間 20分

問一 内容 傍線部①について、以下の内容から考えると、どういう意味か。適当なものを次から選べ。［5点］

ア 非常に高価なもの　イ 求めようもないもの

ウ とてもおいしいもの　エ 人工的に作れないもの

問二 文脈 傍線部②について、祈りの内容にあたる部分を抜き出し、初めと終わりの四字で答えよ。［6点］

～

問三 理由 傍線部③のように、孟宗がたいそう悲しんだのはなぜか。適当なものを次から選べ。［5点］

ア 自分の力ではどうにもならないから。

イ 疲れて歩く力を失ってしまったから。

ウ 貧しくて食べるものがなかったから。

エ 頼りになる父がいなかったから。

問四 理由 傍線部④について、竹の子がたくさん生え出てきた理由を作者はどのように考えているか。該当する箇所を、十五字以内で抜き出せ。［8点］

問五 内容 傍線部⑤に、天の神様が孟宗に竹の子を与えたとあるが、そのことによって母はどのようになったか。十五字以内で答えよ。［8点］

文法の整理　歴史的仮名遣い

問題演習

1 次の語句を現代仮名遣いに直せ。［1点×10］

(1) 語の中や末尾の「は・ひ・ふ・へ・ほ」は、「わ・い・う・え・お」と書く。ただし、語頭に「は・ひ・ふ・へ・ほ」を持つ語が、他の語の下について複合語となった場合を除く。例 初春→はつはる

① いほり（庵）　② よはひ（齢）

(2)「あう（あふ）」は「オー」と発音して「おう」と書き、「いう（いふ）」は「ユー」と発音して「ゆう」と書く。

③ かうかう（孝行）　④ しうか（秀歌）

(3)「えう（えふ）」は「ヨー」と発音して「よう」と書き、「おう（おふ）」は「オー」と発音して「おう」と書く。

⑤ けふ（今日）　⑥ そふ（添ふ）

(4)「ゐ・ゑ・を」「ぢ・づ」は、「い・え・お」「じ・ず」と書く。ただし、助詞の「を」は除く。

⑦ をり（折）　⑧ あぢ（味）

(5)「む」は「ン」と発音する場合があり、「ん」と書く。「くわ」「ぐわ」は「カ」「ガ」と発音して「か」「が」と書く。

⑨ なむぢ（汝）　⑩ ぐわん（願）

2 古今著聞集《こ こん ちょ もん じふ》

文法 語句の省略

説話には、間抜けなもの、残虐なものなど、強盗の話がたくさんある。本文は、横行していた強盗にどのように対処するか、奇抜なことを考えた男の話である。

縫殿頭《ぬひどののかみ》*信安《のぶやす》*といふ者ありけり。世の中に強盗《がうだう》はやりたりけるころ、もしけ探*さるる①ことも ぞあるとて、強盗をすべらかさん料（ために）に、日暮るれば、②家に管《くだ》とい ふ小竹*のよを多く散らし置きて、Aつとめては（しまい納めていた）取りひそめけり。ある夜、（信安が）参り宮仕ひける（奉公に参上していた）公卿《くぎやう》の家近く、焼亡《ぜうまう》（火事が）のありけるに、あわて惑《まど》ひて出づとて、その管の小竹にすべりて、まろびにけり（転んでしまった）。腰を打ち折りて、年寄りたる者にて、Bゆゆしくわづらひて、③日数経てぞからくしてよくなりにける。④いたく支度（用意が）のすぐれたるも、身に引きかづく（自分の身にひきかぶってあだになる）こそをかしけれ。

*縫殿頭…中務省《なかつかさ》に属し、裁縫のことなどを司《つかさど》る縫殿寮の長官。
*信安…左衛門尉《さえもんのじょう》藤原信安か。
*け探さるる…家捜《やさが》しされる。
*小竹のよ…小竹の、節《ふし》と節との間で短く切った竹片。

本文の展開

空欄にあてはまる語句を本文中から抜き出せ。［1点×4］

前半 縫殿頭信安が、［①　　］の横行していたころ、その対策として、夜には家に［②　　］の管をたくさん散らして置いた。

後半 ある夜、奉公先近くで火事があり、信安は慌てて家を出ようとして、小竹の管で転倒し、［③　　］を折って長く患った。

編者の評 ［④　　］がよすぎて、それがあだとなったのはおもしろい。

重要古語

傍線部A・Bの本文中の意味を、それぞれ選べ。［2点×2］

A
ア その計画
イ 当然として
ウ できるだけ
エ その翌朝

［　　］

B
ア ひどく
イ 不吉に
ウ 軽はずみに
エ ちょっと

［　　］

知・技 /14
思・判・表 /36
合計 /50
目標解答時間 20分

問一 内容 傍線部①には、信安のどのような心情が表れているか。適当なものを次から選べ。［5点］

ア 迷い　イ 確信　ウ 期待　エ 気がかり

問二 理由 傍線部②のように、信安が家に小竹の管をたくさんまき散らして置いたのは何のためか。十五字以内で説明せよ。［7点］

問三 口語訳 傍線部③を二十字以内で口語訳せよ。［7点］

問四 内容 傍線部④について、「身に引きかづく」とは具体的にどのようなことをさしているか。該当する箇所を、二十字以内で抜き出せ。［7点］

問五 主題 この話の内容に最も近いことわざを次から選べ。［6点］

ア 過ぎたるはなお及ばざるがごとし

イ 二兎《にと》を追う者は一兎をも得ず

ウ 泥棒を見て縄をなう

エ 備えあれば憂いなし

文法の整理　語句の省略

古文では、現代文と異なり、主語を表す助詞「が」や目的語を表す助詞「を」、さらには主語や目的語そのもの、修飾される体言（名詞）などが明示されていない文が多い。場面・内容を理解するために、省略された語句を読み取ることが古文読解のポイントの一つである。

竹の子**（が）**〈助詞の省略〉あまた生ひ出で侍りける。**（孟宗は）**〈主語の省略〉大きに喜び、すなはち**（竹の子を）**〈目的語の省略〉取りて帰り、（4ページ・6行）

問題演習

1 傍線部の次に省略されている助詞を答えよ。 ［2点］

縫殿頭信安といふ者ありけり。（1行）

2 傍線部の前に省略されている主語を答えよ。 ［2点］

もし探さるることもぞあるとて、（1行）

3 傍線部の次に省略されている体言を答えよ。 ［2点×2］

(1) 参り宮仕ひける公卿の家近く、焼亡のありけるに、（4行）

(2) いたく支度のすぐれたるも、身に引きかづくこそをかしけれ。（7行）

4 傍線部の前に省略されている目的語を答えよ。 ［2点］

あわてて惑ひて出づとて、（4行）

奈良時代	平安時代	鎌倉時代	室町時代	江戸時代
700–800	800–1200	1200–1300	1300–1600	1600–1900

徒然草（鎌倉時代末期〜室町時代初め）

3 徒然草《つれづれぐさ》

文法 連体詞・副詞

知・技	思・判・表	合計
/16	/34	/50

目標解答時間 20分

作者の兼好法師の時代、神仏参詣を除いては都の外に出るのはまれであった。したがって、自宅を離れてちょっとした「旅」に出るだけで気分が新たになり、新しい世界が開かれていたのである。

いづくにもあれ（どこでもよい）、しばし旅だちたるこそ、目さむる心地すれ（目のさめる思いがするものだ）。そのわたり*、①ここかしこ見ありき、田舎《ゐなか》びたる所、山里などは、いと目慣れぬことのみぞ多かる（とても見慣れないことばかりが多い）。都へ A たより求めて文やる、そのことかのこと、便宜*に、忘るななど言ひやるこそをかしけれ（おもしろいものだ）。②さやうの所にてこそ、③よろづに心づかひせらるれ（何かにつけて自然と気をつかうものだ）。持てる調度*まで、よきはよく（よいものはよく(見え)）、能*ある人、B かたちよき人も、常よりはをかしとこそ見ゆれ。寺・社《やしろ》などに、しのびて（人に知られないように）こもりたるもをかし。

*そのわたり…泊まっている家のあたり。　*便宜…よい機会。都合のよいとき。　*調度…身の回りの道具。　*能…芸。

本文の展開

空欄にあてはまる語句を本文中から抜き出せ。［1点×4］

総括　第一文…旅先における新鮮な感興。

根拠　第二文…田舎びたる所・① などの風景の珍しさ。

第三文…留守宅への② 。

第四文…心配りがなされるおもしろさ。

第五文…③ ・才芸・容貌《ようぼう》も、ふだんと違った趣に感じる。

第六文…④ への参籠《さんろう》の興趣。

重要古語

傍線部A・Bの本文中の意味を、それぞれ選べ。［2点×2］

A　ア 手紙　イ 他人　ウ 好便　エ 宛て

B　ア 形式　イ 容貌　ウ 頭脳　エ 人格

問一 口語訳 傍線部①を口語訳せよ。〔6点〕

問二 内容 傍線部②はどのような所か。本文中から十二字以内で抜き出せ。〔6点〕

問三 文脈 傍線部③はどのようなことを言おうとしているのか。適当なものを次から選べ。〔6点〕

ア 人の心はおもしろいものだよ。
イ 人の心は煩わしいものだよ。
ウ 人の心はつまらぬものだよ。
エ 人の心はどうしようもないものだよ。

問四 文脈 本文中に手紙文がある。二十字以内で抜き出せ。〔5点〕

問五 主題 この文章は、どのようなことを述べようとしたものか。適当なものを次から選べ。〔7点〕

ア 旅に出るのは楽しいことだが、わが家のことが気にかかるものだ。
イ 旅は、美人やさまざまな芸人と出くわすことが多い。
ウ 旅に出ることは新鮮な物事との出会いでもある。
エ 旅は、人生の奥義を極めるのに格好の場である。

文法の整理 連体詞・副詞

● **連体詞**…自立語で活用がなく、すぐ下の体言を修飾する。
あるとき・ありつる家・さしたること

● **副詞**…自立語で活用がなく、主として用言を修飾する。
かく・さ・すでに・ふと・ほのぼのと……状態の副詞
いと・いとど・少し・ただ・やうやう……程度の副詞
いかで・たとひ・つゆ・ゆめゆめ……呼応の副詞

問題演習

1 次の各文から連体詞を抜き出せ。〔2点×2〕

(1) ある人、弓射ることを習ふに、諸矢《もろや》をたばさみて、（徒然草）

(2) さる時よりなむ、よばひとは言ひける。（竹取物語）

2 次の各文から副詞を抜き出せ。〔2点×4〕

(1) この児《ちご》さめざめと泣きけるを見て、（宇治拾遺物語）

(2) やうやう白くなりゆく、山際《やまぎは》少し明かりて、（枕草子）

(3) いかでこのかぐや姫を、得てしがな、（竹取物語）

奈良時代 | 平安時代 | 鎌倉時代 | 室町時代 | 江戸時代
700 800 900 1000 1100 1200 1300 1400 1500 1600 1700 1800 1900
十訓抄

4 十訓抄《じっきんせう》

文法 接続詞・感動詞

西行法師は出家する前は北面《ほくめん》の武士（院の御所を警固する武士）だった。ある日、同僚たちと弓を射て遊ぶが、実は西行は遊んでいる場合ではない状況にあった。

*西行法師、男《をとこ》なりけるとき、Aかなしくしける女《むすめ》の、三《み》、四《よ》ばかりなりけるが、重くわづらひて限りなりけるころ、*院《ゐん》の北面の者ども、弓射て遊び合へりけるに、いざなはれて、①心ならずBののしり暮らしけるに、郎等男《らうどうをのこ》の走りて、耳にものをささやきければ、②心知らぬ人は何《なに》とも思ひ入れず。*西住《さいぢゆう》法師、いまだ男にて、源兵衛尉《げんひやうゑのじよう》とてありけるに、目を見合はせて、③「このことこそすでに。」とうち言ひて、④人にも知らせず、さりげなく、いささかのけしきも変はらでゐたりし、ありがたき心なりとぞ、西住、のちに人に語りける。

出家していなかったとき／病気が重くて危篤だった／誘われて／従者の男が走って来て／何事かをささやいたところ／何とも気にかけない／まだ出家する前で／であったが／何事もなかった様子で 少しも顔つきも変わらないでいたことは／めったにない心ばえだと

*西行法師…平安後期の歌人。出家する前は佐藤義清《さとうのりきよ》という名で、鳥羽《とば》上皇に北面の武士として仕えた。　*院…上皇の御所。　*西住法師…平安後期の歌人。出家する前は源季政《すえまさ》と名のった。

本文の展開

空欄にあてはまる語句を本文中から抜き出せ。［1点×4］

発端 西行が出家前、娘の病気が重いころに、［①　］の武士たちに誘われて心ならずも一緒に［②　］遊びをしていた。

展開 ［③　］が走って来て、西行に耳うちした。

結末 ［④　］と目を合わせた西行は、娘が亡くなったことだけ言って、顔色一つ変えなかった。

主題 西行は、類まれな堅忍の人である。

重要古語

傍線部A・Bの本文中の意味を、それぞれ選べ。［2点×2］

A
ア 心配し
イ いたずらをし
ウ かわいがり
エ よく泣き
［　］

B
ア 悪く言い
イ わいわい騒ぎ
ウ 競争し合い
エ 危ないことをし
［　］

知・技 /15
思・判・表 /35
合計 /50
目標解答時間 20分

問一 理由 傍線部①について、西行が気乗りしなかったのはなぜか。その理由を二十字以内で説明せよ。〔6点〕

問二 文脈 傍線部②は誰をさすか。適当なものを次から選べ。〔5点〕

ア 西行法師　**イ** 院の北面の者ども

ウ 郎等男　**エ** 西住法師

問三 文脈 傍線部③は西行の娘がどうなったことを意味するか。十字以内で答えよ。〔6点〕

問四 理由 傍線部④のように西行がふるまったのはなぜか。適当なものを次から選べ。〔7点〕

ア その場の雰囲気を壊さないようにするため。

イ 思いがけないことで気が動転していたため。

ウ 人に知られることをひどく恥じたため。

エ 身に覚えがなく気にすることでもなかったため。

問五 主題 この話は、ある教訓を語るための例として出されたものである。その教訓として適当なものを次から選べ。〔7点〕

ア 風流な心を持つべきであること。

イ 武人として武芸に心を打ち込むべきであること。

ウ 耐え忍ぶべきであること。

エ 友人を選ぶべきであること。

文法の整理　接続詞・感動詞

問題演習

1 自立語で活用がなく、前後をつなぐ言葉を接続詞という。接続詞を分類した次の表の空欄に入る語を、後のア〜キから選べ。〔1点×7〕

条件接続	順接	かくて・さらば・[1]
	[2]	されど・さるを・しかるに
対等接続	[3]・添加	および・ならびに・かつ・また
	選択・対比	あるいは・[4]・または
	同格・言い換え	[5]・たとへば
その他の接続	[6]	ただし・また
	話題転換	[7]・そもそも

ア 並列　**イ** 補足　**ウ** 逆接　**エ** すなはち

オ されば　**カ** さて　**キ** あるは

2 自立語で活用がなく、感動などを表す言葉を感動詞という。感動詞を分類した次の表の空欄に入る語を、後のア〜エから選べ。〔1点×4〕

感動	ああ・あつぱれ・あな・[1]・あはや・あら
[2]	いかに・[3]・いざや・いで・これ・なう・や
[4]	いさ・いさや・いな・いや・えい・おう・しかしか

ア 呼びかけ　**イ** 応答　**ウ** あはれ　**エ** いざ

奈良時代｜平安時代｜鎌倉時代｜室町時代｜江戸時代（花月草紙）
700 800 900 1000 1100 1200 1300 1400 1500 1600 1700 1800 1900

5 花月草紙《くわげつさうし》

兼好法師は『徒然草』の中で、世間に順応しようとする人は物事を行うのに最適な時機「機嫌」を知らねばならないと教えている。『花月草紙』の作者松平定信《まつだいらさだのぶ》も、潮時・好機の大切さを述べている。

ものを引き延ばいて（先延ばしして）、時失ふ者ありけり（（ことが成就する）好機を逃す者がいた）。人の早苗*植うるころ、種ほどこしてけり（種をまいた）。A葉月のころ、早稲《わせ》*の穂の出でたるに嵐《あらし》*吹きてければ、「花散りぬ（花がきっと散ってしまう）。」と嘆くを、あまりにもの急ぎし給へばこそあれ（物事を急いでなさるからである）。わが稲はこのごろ植ゑにしかば、①嵐のわざはひにもあひ侍らずと、人に②たかぶりけり。人の刈り収むる（人が（稲を）収穫する）ころ、少しばかり穂の見えたるが、Bはや霜の置きてければ（霜がおりたので）、みな枯れぬ。「今年はいと早う霜の置きしなり。」とて、③年をのみつみして、④いまだ悟らざりしとなり。

*早苗…苗代《なわしろ》から田に移し植えるころの稲の苗。
*早稲…早い時期に実る品種の稲。
*嵐…激しい風。

文法 四段活用
〈見分け方〉四段活用

本文の展開 空欄にあてはまる語句を本文中から抜き出せ。［1点×4］

総括 先延ばしして、〔①〕を逸した者がいる。

具体論 他の人が〔②〕を植えるころに種をまき、強い風の災難にあわずにすんだと誇っていたが、穂が出たころに〔③〕でみな枯れてしまった。その人は、今年は霜が早くおりたのだと、〔④〕だけのせいにして、ことの本質を悟っていなかった。

重要古語 傍線部A・Bの本文中の意味を、それぞれ選べ。［2点×2］

A
ア 陰暦の六月
イ 陰暦の七月
ウ 陰暦の八月
エ 陰暦の九月

B
ア 急いで
イ 早くも
ウ 実は
エ なんとまあ

知・技 /12
思・判・表 /38
合計 /50
目標解答時間 20分

問一 文脈 本文中に、会話の箇所がもう一箇所ある。どこからどこまでか。初めと終わりの四字で答えよ。〔6点〕

〜

問二 内容 傍線部①について、具体的にはどのような「わざはひ」か。二十字以内で説明せよ。〔8点〕

問三 内容 傍線部②について、どのような心情を表したものか。適当なものを次から選べ。〔6点〕

ア 感動　イ 自慢　ウ 皮肉　エ 悲しみ

問四 内容 傍線部③は、どういうことか。適当なものを次から選べ。〔6点〕

ア 今年は時候がよくなかったからだと、時候だけのせいにすること。
イ この一年の経験を積んだから、来年はうまくやろうと考えること。
ウ 年月が早くたつので、その早さが悪いのだということ。
エ 何もせず積み重ねてしまった自分の年齢を恨むこと。

問五 主題 傍線部④について、何を悟らなかったのか。該当する箇所を、十五字以内で抜き出せ。〔8点〕

文法の整理　四段活用

五十音図の五つの段のうち、語尾がア・イ・ウ・エの四段に活用する動詞を、四段活用動詞という。

◆四段活用の活用

基本形	語幹	未然形	連用形	終止形	連体形	已然形	命令形	活用する行
行く《い》	い	か	き	く	く	け	け	カ行
言ふ《い》								
知る《し》								

（未然形〜命令形：活用語尾）

問題演習

1 傍線部の動詞の基本形（終止形）を答えよ。〔1点×4〕

(1) 言ふに足らず、①願ふに②足らず。（徒然草）

① 　②

(2) 東《あづま》の方《かた》に③住むべき国求めにとて④行きけり。（伊勢物語）

③ 　④

2 傍線部の動詞の活用形を答えよ。〔1点×4〕

(1) 賢を①願ふ人のために②言はば、（徒然草）

① 　②

(2) ③学びて④知るは、まことの智にあらず。（徒然草）

③ 　④

6 伊曽保物語《いそほ》

文法 上一段活用・上二段活用

相手の心をうまく引きつけるようなうまい言葉、巧みに飾った口先だけの言葉を、「甘言《かんげん》」「巧言《こうげん》」という。狐《きつね》が巧言を弄して烏《からす》のごちそうを横取りした経緯を把握し、教訓を読み取ろう。

あるとき、狐、餌食《えじき》を求めかねて（食べ物を探し求めることができなくて）、ここかしこさまよふところに、烏、肉《ししむら》*をくはへて木の上に居《を》れり（とまっていた）。狐、心に思ふやう、我この肉を取らまほしく（横取りしたいと）おぼえて、烏の居《ゐ》ける木のもとに立ち寄り、「Aいかに御辺《ごへん》*、御身《おんみ》はよろづの鳥の中に（あなたはあらゆる鳥の中で）すぐれてうつくしく見えさせおはします（お見えでいらっしゃる）。Bしかりといへども、①少しこと足り給はぬこととては、御声の鼻声にこそ侍れ。ただし、このほど世上《せじやう》*に申せしは（このごろ世間で申していたことは）、御声もことのほかよくわたらせ給ふ（格別にすばらしくていらっしゃるなどと）など申してこそ候へ。②あはれ一節《ひとふし》聞かまほしうこそ侍れ。」と申しければ、烏、この儀をげにとや心得て（このことを本当かと思い込んで）、「③さらば声を出ださん。」とて、口をはたけける（開けたとたんに）ひまに、つひに肉を落としぬ。狐これを取つて逃げ去りぬ。

*肉…肉のかたまり。「ししむら」の「むら」は群れの意。　*世上…世の中。世間。　*御辺…「あなた・貴殿」の意を表す対称の人称代名詞。

本文の展開

空欄にあてはまる語句を本文中から抜き出せ。［1点×4］

起　狐が食べ物を探してさまようところに、烏が ① をくわえて木の上にとまっていた。

承　狐が烏に、「あなたは鳥の中で最も美しいが、このごろ世間で格別に美しいとほめる ② をちょっと聞きたい。」と言った。

転　烏は本当かと思い、 ③ を開けたとたんに肉を落とした。

結　 ④ はそれを取って逃げた。

重要古語

傍線部A・Bの本文中の意味を、それぞれ選べ。［2点×2］

A
ア どうして
イ どのように
ウ もしもし
エ なんとも

B
ア とがめる
イ そうだが
ウ そうである
エ もっともである

〈見分け方〉上一段活用

知・技　/15
思・判・表　/35
合計　/50
目標解答時間 20分

問一 内容 傍線部①は、どういうことか。その内容を具体的に述べている箇所を、十字以内で抜き出せ。［5点］

問二 口語訳 傍線部②を十五字以内で口語訳せよ。［8点］

問三 理由 烏が傍線部③のような気持ちになったのは、どの言葉がきっかけとなっているか。適当なものを次から選べ。［5点］

ア 御身はよろづの鳥の中にすぐれてうつくしく見えさせおはします。
イ 御声の鼻声にこそ侍れ。
ウ このほど世上に申せしは、御声もことのほかよくわたらせ給ふなど申してこそ候へ。
エ あはれ一節聞かまほしうこそ侍れ。

問四 内容 狐は烏のくわえた肉をなんとかして横取りしたいと一計を案じ、烏に巧みに語りかけている。狐は烏がどのような動作・行動をすることをもくろんでいるか。その動作・行動を五字以内で答えよ。［6点］

問五 主題 この話の教訓として適当なものを次から選べ。［7点］

ア 人のものを力ずくで奪ってはいけない。
イ 人にほめられて、いい気になってはいけない。
ウ 人をうらやんで、高望みしてはいけない。
エ 人の評判を気にして、自分を見失ってはいけない。

文法の整理 上一段活用・上二段活用

語尾がイ段の一段のみに活用する動詞を上一段活用といい、イ段・ウ段の二段に活用する動詞を上二段活用という。

「尽きず」「閉ぢて」のように、「ず」「て」をつけてイ段となる動詞は、頻出する上一段活用動詞「着る・煮る・似る・干《ひ》る・みる（見る・試《こころ》みる）・射る・居《ゐ》る・率《ゐ》る・用ゐる・率《ひき》ゐる」以外は、上二段活用動詞の場合が多い。

◆上一段活用・上二段活用の活用

基本形	語幹	未然形	連用形	終止形	連体形	已然形	命令形	活用の種類
着《き》る	（き）	き	き	きる	きる	きれ	きよ	カ行上一段活用
尽《つ》く	つ	き	き	く	くる	くれ	きよ	カ行上二段活用

（活用語尾：未然形〜命令形）

問題演習

1 傍線部の動詞の活用の種類を答えよ。［2点×4］

(1) 日数《ひかず》の早く過ぐる①ほどぞ、ものにも似②ぬ。（徒然草）

(2) 去年《こぞ》を恋ひ③て行きて、立ちて見、居④て見、（伊勢物語）

① ② ③ ④

2 次の(1)～(3)の動詞の已然形を答えよ。［1点×3］

(1) 落つ (2) 射る (3) 恥づ

(1) (2) (3)

7 古今著聞集

奈良時代	平安時代	鎌倉時代	室町時代	江戸時代

700　800　900　1000　1100　1200　1300　1400　1500　1600　1700　1800　1900

古今著聞集

文法　下一段活用・下二段活用

〈見分け方〉下一段活用

知・技　/14
思・判・表　/36
合計　/50
目標解答時間　20分

太郎入道という僧は、出家前よく猿を射ていたが、ある日山で大猿を射た後、猿を射るのをやめてしまったという。その日の狩りでいったい何があったのだろうか。

*豊前《ぶぜん》の国の住人*太郎入道といふ者ありけり。男《をとこ》なりけるとき《出家していなかったとき》、常に猿を射けり。ある日山をア過ぐるに、大猿ありければ、木にイ追ひ登せて《追い登らせて》射たりけるほどに、あやまたず《はずすことなく》、*かせぎに射てけり。①すでに木より落ちんとしけるが、何とやらん《何であろうか》、②物を木のまたに置くやうにするをウ見れば、子猿なりけり。おのが傷をエ負ひて*土《地上》に落ちんとすれば《に落ちようとするので》、子猿を負ひたるを助けんとて《助けようとして》、木のまたにAすゑんとしけるなり。子猿はまた、母につきて離れじとしけり《離れまいとした》。③かくたびたびすれども、Bなほ子猿つきければ《すがりついたので》、もろともに地に落ちにけり。それより長く、④猿を射ることをばとどめてけり《やめてしまった》。

*豊前の国…現在の福岡県と大分県の一部。　*太郎入道…伝未詳。　*かせぎ…木のまた。
*土…地上。地面。

本文の展開

空欄にあてはまる語句を本文中から抜き出せ。［1点×4］

事件発生前の状況　太郎入道は、出家する以前、常に ① を射ていた。

事件の発生　ある日、山で大猿を木に追い登らせて射た。

事件の展開　落ちようとする大猿は、子猿を木の ② に置こうとした。

話の最高潮　母猿は子猿を助けようとするが、母子とも ③ に落ちた。

事件の結末　この事件があってから、太郎入道は ④ を射るのをやめた。

重要古語

傍線部A・Bの本文中の意味を、それぞれ選べ。［2点×2］

A
ア 置く
イ 動く
ウ 縛りつける
エ とりつく

B
ア なんといっても
イ やはり
ウ 急に
エ ただし

問一 文脈 二重傍線部ア〜エの中から、主語が異なるものを選び、記号で答えよ。 〔5点〕

問二 口語訳 傍線部①を口語訳せよ。 〔7点〕

問三 理由 傍線部②の理由にあたる箇所を、十二字以内で抜き出せ。 〔7点〕

問四 文脈 傍線部③は具体的にどうしたというのか。適当なものを次から選べ。 〔6点〕

ア 母猿がしがみつく子猿を何度も木のまたに置こうとした。
イ 子猿が母猿から離れまいとして何度もしがみつこうとした。
ウ 母猿と子猿が落ちまいとして何度も木につかまろうとした。
エ 太郎入道が弓で何度も射落とそうとした。

問五 理由 傍線部④の理由として適当なものを次から選べ。 〔7点〕

ア 自分の罪深い行為におののき、猿の母子の仕返しを恐れたから。
イ 猿の母子の争いを見て、自分の行為の醜さを反省したから。
ウ 注意を怠ると、猿も木から落ちるということを自覚したから。
エ 猿の母子の愛情に胸を打たれ、罪の深さを悟ったから。

文法の整理 下一段活用・下二段活用

語尾がエ段の一段のみに活用する動詞を下一段活用といい、ウ段・エ段の二段に活用する動詞を下二段活用という。

「明けず」「捨てて」のように、「ず」「て」をつけてエ段となる動詞は、下一段活用動詞「蹴《け》る」以外は下二段活用動詞である。すべての動詞の中でア行に活用するのは下二段活用の「得《う》」のみで、「射る」(上一)「老いて」(上二)「消えて」(下二)はヤ行、「植う」(下二)はワ行に活用する。

◆下一段活用・下二段活用の活用

基本形	語幹	活用語尾						活用の種類
		未然形	連用形	終止形	連体形	已然形	命令形	
蹴《け》る	(け)	け	け	ける	ける	けれ	けよ	カ行下一段活用
受《う》く	う	け	け	く	くる	くれ	けよ	カ行下二段活用

問題演習

1 次の文から下一段動詞を抜き出せ。 〔2点〕

典薬助《てんやくのすけ》は、蹴られたりしを病《やまひ》にて死にけり。(落窪物語)

2 次の文から下二段動詞を終止形で抜き出せ。 〔2点×4〕

(1) 年月へても、つゆ忘るるにはあらねど、(徒然草)

(2) かかることは、文にも見えず、伝へたる教へもなし。(徒然草)

8 北辺随筆《きたのべずいひつ》

文法 カ行変格活用・サ行変格活用

作者富士谷御杖《ふじたにみつえ》は、言語や語法についての考証にすぐれた業績のある国学者で、その随筆にも鋭い洞察と進歩的な見解が見られる。箱の製作の話を聞いて、作者はどのようなことを考えたであろうか。

ある人の語りき。箱など作るに、おほよそ堅《かた》き木は、やはらかなる糊《のり》ならではよくつかず、①やはらかなる木は、堅き糊してつけざればよくつかずとぞ。②世のことわりは、凡庸《ぼんよう》*の思ふには、必ずたがふところあること、いと多かるべし。おのれらがはかなき[A]上は、③とてもかくてもありぬべし。天《あめ》の下《した》をまつりごち*、国を治め給ふきは[B]、おほかたのことわりはことわりにて、④かかる真理を悟りて、⑤ことはかりし給はば、ことは少なくて、功*は大なるべし。

（傍注）ある人が(次のように)語った／一般に／糊でなければ／世の／中の(実際の)道理は／凡人の考えているものとは／きっと違っている／我々のような／一般の道理は道理として／(する)ことは少なくて

*凡庸…凡人。一般の人間。「庸」は「常《つね》」と同じで、「なみ・普通」の意。　*まつりごち…政治を行い。四段活用動詞「まつりごつ」の連用形。　*功…功績。ここは政治上の功績のこと。

本文の展開 空欄にあてはまる語句を本文中から抜き出せ。［1点×4］

序論 ある人が言った。箱などを製作する場合、①［　　］木にはやはらかなる糊を用いて接着し、②［　　］木には堅き糊を用いて接着するのがよい。

本論 このように、世の道理は③［　　］が表面的に見て思うものとは違っている点が多い。

結論 政治家は、この深い真理を悟って政治を行ったなら、政治上の④［　　］は大いに上がるだろう。

重要古語 傍線部A・Bの本文中の意味を、それぞれ選べ。［2点×2］

A
ア 実現性の少ない
イ 身分の低い
ウ 弱々しい
エ とりとめない
［　　］

B
ア 場合
イ 程度
ウ 極限
エ 身分の人
［　　］

知・技	/14
思・判・表	/36
合計	/50

目標解答時間 20分

問一 内容 傍線部②に、「実際の道理と凡人の考えは違う」とあるが、凡人は傍線部①についてどのように考えているというのか。二十字以内で説明せよ。 [6点]

問二 口語訳 傍線部③の意味として適当なものを次から選べ。 [5点]

ア どちらがよいか　イ どうであっても構わないだろう

ウ どうなったのか　エ どうにかしなければならない

問三 内容 傍線部④は、どのような真理か。適当なものを次から選べ。 [5点]

ア 道理というものは凡人の考えとは全く違った形で現れるということ。

イ 国の政治には凡人の考える道理が大事であるということ。

ウ 堅い木は、やわらかい糊でなければつかないということ。

エ やわらかい木は、堅い糊でなければつかないということ。

問四 内容 傍線部⑤は、具体的にどのような意味か。同じ意味を表す語を二つ、本文中から抜き出せ。 [5点×2]

問五 主題 この文章の主題として適当なものを次から選べ。 [6点]

ア 箱の製作のような一見簡単そうに見えるものにも深い道理がある。

イ 木と糊の関係のように、政治家は人々と堅く接しなければならない。

ウ 政治家は物事の奥深い道理までわきまえて対処しなければならない。

エ 一般の人の多くは、知ったかぶりをして物事の道理を見誤ってしまうものである。

文法の整理 カ行変格活用・サ行変格活用

語尾がカ行のキ・ク・コの三音に活用する動詞を、カ行変格活用動詞（カ変）という。「来《く》」の一語だが、「出で来」「まうで来」「持て来」のような複合動詞に注意する。命令形は一般に「こ」だが、「こよ」もある。

語尾がサ行のシ・ス・セの三音に活用する動詞を、サ行変格活用動詞（サ変）という。「す」「おはす」の二語だが、「具す」「心地す」のような複合動詞に注意する。また「論ず」「感ず」などは活用語尾がザ行音となるが、サ変動詞である。

◆カ行変格活用・サ行変格活用の活用

基本形	語幹	未然形	連用形	終止形	連体形	已然形	命令形	活用の種類
来《く》	（く）	こ	き	く	くる	くれ	こ（こよ）	カ行変格活用
す	（す）	せ	し	す	する	すれ	せよ	サ行変格活用
論《ろん》ず	論	ぜ	じ	ず	ずる	ずれ	ぜよ	サ行変格活用

（活用語尾：未然形〜命令形）

問題演習

1 傍線部のカ変動詞の読みを書け。 [2点×3]

(1)春よ、来。　(2)夏は来にけり。　(3)ある人、来。

(1)　(2)　(3)

2 サ変動詞を二つ選び、已然形に直して答えよ。 [2点×2]

隠す　混ず　具す　失す　念ず

9 おらが春

文法　ナ行変格活用・ラ行変格活用

奈良時代｜平安時代｜鎌倉時代｜室町時代｜江戸時代（おらが春）
700　800　900　1000　1100　1200　1300　1400　1500　1600　1700　1800　1900

作者の一茶《いっさ》は継母との不和のため、十五歳で江戸に出て俳諧を学び、以後各地を放浪している。次の文章は、大和《やまと》の国の立田《たった》村の石地蔵にまつわる話に感動し、藪《やぶ》の仏に一句捧げたときのものである。

昔、大和*の国立田村に、Aむくつけき女ありて、継子《ままこ》の咽《のど》を十日ほどほしてより（継子に十日ばかり食物を与えずにおいてから）、飯《めし》を一椀《ひとわん》見せびらかして言ふやう、これをあの石地蔵*の①食べたらんには、汝《なんぢ》にも取らせん（おまえにもやろう）と②あるに、継子はBひだるさ堪《た》へがたく、石仏《いしぼとけ》の袖《そで》にすがりて、③しかじか願ひけるに、不思議やな、石仏大口あけてむしむし食ひ給ふに（むしゃむしゃとお食べになるので）、さすがの④継母の角《つの》もぽつきり折れて、それよりわが生める子と隔てなく育《はごく》みける⑤となん（同じように育てたということである）。その地蔵菩薩《ぼさち》今にありて（今でもあって）、折々の供物*絶えざりけり（絶えなかったということである）。

ぼたもち［A］藪の仏も［B］の風　一茶
（藪の中の石仏にはぼたもちが供えられ、［　］の風が吹いていることだよ）

＊大和の国…今の奈良県。
＊ほしてより…（食物を）与えずにおいてから。
＊石地蔵…石で作った地蔵菩薩《ぼさつ》。
＊供物…神仏に供えるお供え物。

本文の展開　空欄にあてはまる語句を本文中から抜き出せ。［1点×4］

- **発端**　昔、大和の国の立田村に［①　］女がいた。
- **展開**　継子に十日ばかり食物を与えないで、［②　］が食べたらやろうと言う。
- **結末**　継子が石仏の袖にすがって願うと、石仏が食べたので、継母の［③　］も折れ、以後、自分の生んだ子と同じように育てたという。
- **総括**　そこで、折々の［④　］も絶えない藪の仏に一句をよんで捧げた。

重要古語　傍線部A・Bの本文中の意味を、それぞれ選べ。［2点×2］

A
ア　恐ろしい
イ　醜い
ウ　みすぼらしい
エ　貧しい
［　］

B
ア　悲しさ
イ　意地悪さ
ウ　つらさ
エ　ひもじさ
［　］

知・技　/20
思・判・表　/30
合計　/50
目標解答時間　20分

問一 文法 傍線部①の意味として適当なものを次から選べ。［4点］

ア 食べないにちがいないから　**イ** 食べるであろうから、そのときに
ウ 食べてもしかたがないから　**エ** 食べたら、そのときに

問二 文脈 傍線部②・⑤の受ける内容は、どこから始まるか。それぞれ初めの九字で答えよ。［4点×2］

②
⑤

問三 内容 傍線部③は、どのようなことを願ったのか。その願いの言葉を、十五字以内の会話体で簡潔に答えよ。［7点］

問四 内容 傍線部④は、何をたとえたものか。適当なものを次から選べ。［5点］

ア 人のことは構わない継母の冷淡な考え
イ 意地悪で恐ろしい継母の心
ウ 自分のあやまちを認めない強情な継母の態度
エ 攻撃的で人の心を傷つける継母の行動

問五 表現 ぼたもちが供えられた石仏をよんだ句の空欄A・Bには、どのような語が入るか。適当なものをそれぞれ次から選べ。［3点×2］

A **ア** の **イ** に **ウ** や **エ** を
B **ア** 春 **イ** 夏 **ウ** 秋 **エ** 冬

A
B

文法の整理 ナ行変格活用・ラ行変格活用

語尾がナ行のナ・ニ・ヌ・ネの四音に活用する動詞を、ナ行変格活用動詞（ナ変）という。「死ぬ」「往《い》(去)ぬ」の二語である。ナ行四段活用と誤りやすいので注意する。

語尾がラ行のラ・リ・ル・レの四音に活用し、基本形がイ段の音「り」になる動詞を、ラ行変格活用動詞（ラ変）という。「あり」「居《を》り」「侍り」「いまそ(す)かり」の四語しかないが、「さり」「しかり」「かかり」のような複合動詞に注意する。

◆ナ行変格活用・ラ行変格活用の活用

基本形	語幹	活用語尾 未然形	連用形	終止形	連体形	已然形	命令形	活用の種類
死《し》ぬ	し	な	に	ぬ	ぬる	ぬれ	ね	ナ行変格活用
あり	あ	ら	り	り	る	れ	れ	ラ行変格活用

問題演習

1 傍線部を、解答欄の形式で文法的に説明せよ。［1点×12］

(1) 馬にはかにたふれて死にけり。（俊頼髄脳）
①　変格活用動詞「②　」の③　形

(2) 妹《いも》がいぬれば（万葉集）
④　変格活用動詞「⑤　」の⑥　形

(3) 何の悔《く》いか侍らむ。（源氏物語）
⑦　変格活用動詞「⑧　」の⑨　形

(4) 富める家の隣にをる者は、（方丈記）
⑩　変格活用動詞「⑪　」の⑫　形

今昔物語集

奈良時代	平安時代	鎌倉時代	室町時代	江戸時代
700–800	800–1200	1200–1300	1300–1600	1600–1800

700 800 900 1000 1100 1200 1300 1400 1500 1600 1700 1800 1900

10 今昔物語集《こんじゃくものがたりしゅう》

思い切って物事を行うたとえとして「清水《きよみず》の舞台から飛び下りる」という言葉があるように、清水寺《きよみずでら》の礼堂《らいどう》は崖《がけ》に張り出した造りになっている。その舞台から子供を落としてしまった女性の話である。

今は昔、［A］清水*に参りたりける女の、［B］幼き子を抱《いだ》きて御堂《みだう》の前の谷をのぞき立ちけるが、［C］児《ちご》を取り落として谷に落とし入れてけり。①はるかに振り落とさるるを見て、すべきやうもなくて（どうすることもできなくて）、御堂の方《かた》に向かひて、手をすりて、「観音助け給へ。」となむ惑ひける（悲嘆にくれた）。今はなき者と思ひけれども、ありさまをも見むと思ひて（様子だけでも見よう）、惑ひ下《お》りて見ければ（慌てて下りて見たところ）、観音の A いとほしとおぼしめしける（お思いになったのであろう）にこそは、つゆきずもなくて、谷の底の木の葉の多く落ち積もれる上に落ちかかりてなむ臥《ふ》したりける（倒れていた）。母喜びながら抱き取りて、いよいよ（ますます）観音を泣く泣く礼拝*《らいはい》し奉《たてまつ》りけり（礼拝し申し上げた）。これを見る人、みな B あさましがりて ②ののしりけり。

*清水…今の京都市東山区にある清水寺のこと。礼堂は崖に張り出した舞台造りで有名。
*礼拝…両膝・両肘を地につけ、頭を下げ合掌して仏を拝むこと。

文法 動詞の活用の種類の判別①

〈見分け方〉上二段・下二段動詞

知・技	/13
思・判・表	/37
合計	/50

目標解答時間 20分

本文の展開 空欄にあてはまる語句を本文中から抜き出せ。［1点×4］

- 発端　清水寺に参詣した女が［①　　］の前の谷に子供を落とした。
- 展開　その女はどうすることもできなくて、［②　　］に祈った。
- 最高潮　谷底に下りて見ると、子供は、積もった木の葉の上に全く［③　　］もなく倒れていた。
- 結末　喜んだ女は、泣く泣く［④　　］を拝んだ。見ていた人は驚き、大騒ぎをした。

重要古語 傍線部A・Bの本文中の意味を、それぞれ選べ。［2点×2］

A
- ア かわいらしい
- イ 困ったことだ
- ウ かわいそうだ
- エ もったいない

［　　］

B
- ア 情けなく思い
- イ 驚いたことだと思い
- ウ 不思議なことだと思い
- エ けしからぬことだと思い

［　　］

問一 文脈 次の1・2は、1は「どうしたはずみであったのだろうか」、2は「いつごろのことであっただろうか」という意味で、編者の感想を表す挿入句である。空欄A～Cのどこに入るかを答えよ。 [5点×2]

1 いかにしけるにやありけむ、

2 いつのころほひのことにかありけむ、

1 ［ ］ 2 ［ ］

問二 文脈 本文中には、問一の1・2と同じく、編者の感想や主観的判断を表す挿入句がほかにも見られる。二十字以内で抜き出せ。 [5点]

問三 内容 傍線部①について、このとき女はわが子がどうなったと思ったか。三字以内で抜き出せ。 [5点]

問四 理由 傍線部②について、その理由の一つに考えられるものを次から選べ。 [6点]

ア 誰も子供を助けなかったことがとても恥ずかしかったから。

イ 子供を谷底に落とした女があまりにも不注意に思われたから。

ウ 泣く泣く観音に礼拝する女がご都合主義に感じられたから。

エ 子供が奇跡的に助かったことに驚いて深く感動したから。

問五 主題 この話の主題として適当なものを次から選べ。 [7点]

ア 親子の絆《きずな》の深さ　イ 観音のご利益《りやく》

ウ 子供の運の強さ　エ 清水寺の繁盛

文法の整理 動詞の活用の種類の判別①

◆上二段動詞と下二段動詞の判別

打消の助動詞「ず」を付けて活用語尾で判断する。

●イ音の場合→上二段動詞(着る・煮る・似る・干《ひ》る・見る・射《い》る・鋳《い》る・居《ゐ》る・率《ゐ》る・用《もち》ゐる・率《ひき》ゐる)でなければ、ほぼ上二段動詞(過《す》ぐ・朽《く》つ・佗《わ》ぶ……)。

●エ音の場合→サ変動詞(す・おはす・念ず・重んず……)、下一段動詞(蹴る)でなければ、すべて下二段動詞(明《あ》く・失す・捨つ……)。

問題演習

1 傍線部の動詞の中から上二段動詞と下二段動詞を抜き出し、終止形に改めて答えよ。 [1点×6]

(1) 起きてまた見むとて立ちて出でたるに、(今昔物語集)

上二段動詞 ［ ］ 下二段動詞 ［ ］

(2)「心して降りよ。」と言葉をかけ侍りしを、(徒然草)

上二段動詞 ［ ］ 下二段動詞 ［ ］

(3) なき人を偲《しの》ぶる宵の村雨《むらさめ》に濡《ぬ》れてや来つる山ほととぎす (源氏物語)

上二段動詞 ［ ］ 下二段動詞 ［ ］

2 次の動詞の連体形を答えよ。 [1点×3]

(1) 迎ふ　(2) 尽く　(3) 求む

(1) ［ ］ (2) ［ ］ (3) ［ ］

奈良時代 | 平安時代 | 鎌倉時代 | 室町時代 | 江戸時代
700 800 900 1000 1100 1200 1300 1400 1500 1600 1700 1800 1900
竹取物語

11

竹取《たけとり》物語

文法 動詞の活用の種類の判別②

結婚の条件である東の海の蓬莱《ほうらい》の山にあるという玉の枝を、車持皇子《くらもちのみこ》は六人の工匠たちにひそかに作らせてかぐや姫の家に持参した。翁《おきな》はすぐに姫に結婚を勧めるが、そこへ工匠たちがやってくる。

（工匠たちが）「*賜《たま》はるべきなり。」と言ふを聞きて、かぐや姫、暮るるままに思ひわびつる（日が暮れるにつれて思い悩んでいた）心地、笑ひさかえて（晴れ晴れとしてきて）、翁を呼び取りて言ふやう、「まこと蓬莱の木かとこそ思ひつれ。かくあさましき（こんなにあきれた）Aそらごとにてありければ、はや返し給へ。」と言へば、翁答ふ、「さだかに（確かに）作らせたる物と聞きつれば（聞いてしまったので）、①返さむこといとやすし。」と、②うなづきをり。かぐや姫の心ゆきはてて、Bありつる歌の返し、

まことかと聞きて見つれば（本当かと思ってよく見たところ）③言の葉を飾れる玉の枝にぞありける

と言ひて、玉の枝も返しつ。竹取の翁、さばかり語らひつるが（あれほど（皇子を信用して）話し合っていたのが）、④さすがにおぼえて眠りをり。皇子は、立つもはした、居《ゐ》るもはしたにて居給へり。

*賜はるべきなり…（かぐや姫が結婚の条件として皇子に求めていた蓬莱の玉の枝を皇子の命令で作ったが、皇子が恩賞を出さないのであれば、かぐや姫から）当然いただけるはずである、という意。

本文の展開

空欄にあてはまる語句を本文中から抜き出せ。［1点×4］

- 発端　恩賞を求めて、工匠たちがかぐや姫の家に来た。
- 展開　①［　　］が作り物だとわかって、かぐや姫は晴れ晴れとした気持ちになる。
- 最高潮　かぐや姫は、②［　　］を添えて玉の枝を返す。
- 結末　③［　　］は眠ったふりをして、④［　　］はもじもじとしている。

重要古語

傍線部A・Bの本文中の意味を、それぞれ選べ。［2点×2］

A
ア 悪口
イ かげ口
ウ うそ
エ うわさ

B
ア さっきの
イ 昔の
ウ ありったけの
エ あるがままの

知・技 /14
思・判・表 /36
合計 /50
目標解答時間 25分

問一 内容 傍線部①から翁のどのような心境・様子がうかがえるか。適当なものを次から選べ。〔6点〕

ア 工匠たちの訴えを頭から疑っている。
イ かぐや姫に対して大いに不平をいだいている。
ウ 作り物と認め、きっぱりと決断している。
エ 諦めきれない様子で、なんとなくぐずぐずしている。

問二 口語訳 傍線部②を口語訳せよ。〔6点〕

問三 表現 傍線部③の修辞技法について説明した次の文の空欄A・Bに、適当な漢字一字をそれぞれ補え。〔4点×2〕

・［A］は［B］の縁語である。

A［　］ B［　］

問四 内容 傍線部④について、このときの翁の心境として適当なものを次から選べ。〔6点〕

ア 皇子との結婚を強く勧めてきたので、姫に申し訳なく思っている。
イ 皇子にだまされたとわかり、姫に対してばつが悪くとぼけている。
ウ 姫と皇子との結婚が不可能となって、落胆している。
エ あとの処理は姫に任せておけばよいと、安心している。

問五 表現 皇子は、持参した蓬萊の玉の枝が作り物だと露見して、きまり悪くいたたまれない気持ちになっている。その様子が生き生きと描かれている箇所を、十五字以内で抜き出せ。〔6点〕

文法の整理 動詞の活用の種類の判別②

◆ア行・ヤ行・ワ行に活用する語

●ア行 得《う》・心得《こころう》・所得《ところう》→ 下二段活用

●ヤ行 射《い》る・鋳《い》る→ 上一段活用
老《お》ゆ・悔《く》ゆ・報《むく》ゆ→ 上二段活用
※右の語以外のヤ行に活用する語
おぼゆ・消《き》ゆ・越《こ》ゆ・絶《た》ゆ・見《み》ゆなど→ 下二段活用

●ワ行 居《ゐ》る・率《ゐ》る・用《もち》ゐる・率《ひき》ゐる→ 上一段活用
植《う》う・飢《う》う・据《す》う→ 下二段活用

問題演習

1 傍線部を、解答欄の形式で文法的に説明せよ。〔2点×3〕

(1) 笑ひさかえて、翁を呼び取りて言ふやう、（2行）
［　］行［　］段活用動詞［　］形

(2) さすがにおぼえて眠りをり。（7行）
［　］行［　］段活用動詞［　］形

(3) 立つもはした、居るもはしたにて居給へり。（8行）
［　］行［　］段活用動詞［　］形

2 空欄に活用語尾を補え。〔1点×4〕

(1) 植（　）て (2) 老《お》（　）て (3) 率《ひき》（　）て (4) 聞こ（　）て

(1)［　］ (2)［　］ (3)［　］ (4)［　］

奈良時代 | 平安時代 | 鎌倉時代 | 室町時代 | 江戸時代
700 800 900 1000 1100 1200 1300 1400 1500 1600 1700 1800 1900
竹取物語

12 竹取物語

五人の貴公子が身を滅ぼすまでかぐや姫に尽くしても、結婚することができなかったというわさを聞いた帝《みかど》は、内侍《ないし》の中臣《なかとみ》のふさ子を使者としてかぐや姫の家につかわした。

嫗《おうな》に、内侍*のたまふ、「仰せごとに（帝のお言葉に）、かぐや姫のかたち、優におはすなり（すぐれて美しくていらっしゃるそうだ）、よく見て参るべきよし（よく見て参れということを）、のたまはせつるになむ、①参りつる。」と言へば、「②さらば、かく申し侍らむ。」と言ひて、入りぬ。かぐや姫に、「はや、かの御使ひに対面し給へ。」と言へば、かぐや姫、「よきかたちにもあらず（すぐれた容貌ではない）。いかでか見ゆべき（どうして会うことができようか）。」と言へば、「うたてものたまふかな（困ったことをおっしゃるよ）。帝の御使ひをば、③いかでおろかにせむ。」と言へば、かぐや姫の答ふるやう、「帝の召してのたまはむこと（お召しになって〈妻にと〉おっしゃるようなことは）、Aかしこしとも思はず。」と言ひて、Bさらに見ゆべくもあらず。生める子のやうにあれど、いと心*はづかしげに、おろそかなるやうに（素っ気ない調子で）言ひければ、④心のままにもえ責めず。

*内侍…宮中の内侍所の女官である掌侍《ないしのじょう》のこと。天皇に奉仕して、取り次ぎなどをする。中臣氏は、祭《さい》祀《し》を司る家柄。　*心はづかしげに…こちらが気後れするほど気強く。

本文の展開

空欄にあてはまる語句を本文中から抜き出せ。〔1点×4〕

前半 内侍が、かぐや姫の［　①　］がすぐれているそうなので、見て参れという帝の［　②　］を伝えると、同意した嫗は姫のいる部屋に入った。

後半 嫗が、使者と［　③　］するようにと姫に勧めるけれど、自分はすぐれた［　④　］でもないのにと言って承知しない。嫗も、姫は自分が生んだ子のようなものだが、今回は姫がたいへん素っ気なく拒むので、勧めかねた。

重要古語

傍線部A・Bの本文中の意味を、それぞれ選べ。〔2点×2〕

A
ア 優れている
イ 恐れ多い
ウ 高貴である
エ 恐ろしい
［　　］

B
ア その上に
イ つとめて
ウ 改めて
エ 全く
［　　］

文法 形容詞
〈見分け方〉形容詞

知・技 /16
思・判・表 /34
合計 /50
目標解答時間 25分

問一 内容 傍線部①について、帝はかぐや姫の何を確かめさせるために、内侍をかぐや姫の家につかわしたのか。十字以内で簡潔に答えよ。［7点］

問二 文脈 傍線部②について、「かく申し侍らむ。」とあるが、「かく」とは具体的にどのようなことをさすか。二十字以内で答えよ。［7点］

問三 文脈 傍線部③の意味として適当なものを次から選べ。［5点］

ア どうして愚かなことを言うと考えられるか。
イ どうして愚か者扱いできましょう。
ウ どうして軽々しく扱えようか。
エ 何とかして拒否しましょう。

問四 理由 傍線部④について、嫗が思うとおりに強制しかねるのはなぜか。その理由として適当なものを次から選べ。［6点］

ア かぐや姫があまりにもぞんざいに拒絶するから。
イ 帝の要求が道理からはずれたものであるから。
ウ わが子同然に長年育て、手放したくないから。
エ 内侍の態度が無礼で気に食わなかったから。

問五 内容 このあと、嫗は内侍に、「このをさなき者は、こはく侍る者にて、……」と伝えている。かぐや姫をどのような人と言っているのか。適当なものを次から選べ。［5点］

ア 神仏を思わせるような崇高な人　**イ** はにかみや
ウ 腹を立てるとこの上なく怖い人　**エ** 強情な人

文法の整理 形容詞

自立語で活用があり、状態・性質・感情を表し、「悲し」のように、言い切ると「し」で終わる語を、形容詞という。

形容詞の活用には、語尾が「く・き・けれ……」と活用するク活用と、「しく・しき・しけれ……」と活用するシク活用の二種類がある。

なお、「同じ」のように「じく・じき・じけれ……」と活用する語もシク活用という。

◆形容詞の活用

基本形	語幹	活用語尾 未然形	連用形	終止形	連体形	已然形	命令形	活用の種類
高し	たか	く から	く かり	し	き かる	けれ	かれ	ク活用
苦し	くる	しく しから	しく しかり	し	しき しかる	しけれ	しかれ	シク活用
同じ	おな	じく じから	じく じかり	じ	じき じかる	じけれ	じかれ	シク活用

問題演習

1 傍線部の活用の種類と活用形を答えよ。［2点×6］

(1) かたちよき①人も、常よりはをかし②とこそ見ゆれ。（8ページ・5行）

① ・　② ・

(2) 帰りてぞ、さらに悲しき③ことは多かる④べき。（徒然草）

③ ・　④ ・

(3) 口重く⑤、問はぬ限りは言はぬこそいみじけれ⑥。（徒然草）

⑤ ・　⑥ ・

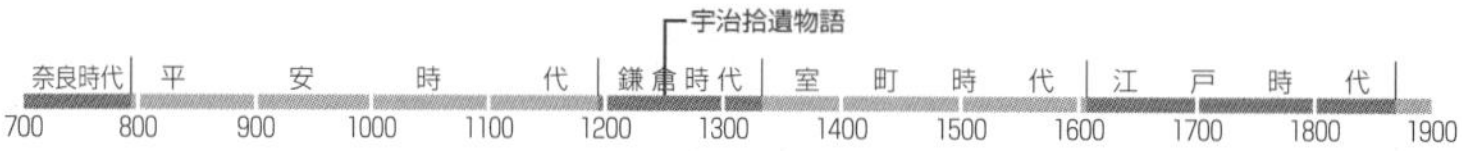

13 宇治拾遺物語《うぢしふゐ》

文法 形容動詞

珍しく手に入った氷魚《ひお》を客の僧に出して、主人がちょっと席をはずした。戻って見ると、氷魚がことのほかに減っている。あれ？　とは思ったが、主人は僧に聞けなかった。

これも今は昔、ある僧、人のもとへ行きけり。①酒など勧めけるに、*氷魚《ひを》初めて出で来たりければ、あるじめづらしく思ひて、Aもてなしけり。あるじ用のことありて、内へ入りて、また出でたりけるに、この氷魚のことのほかに少なくなりたりければ、あるじいかにと思へども、②言ふべきやうもなかりければ、③物語しゐたりけるほどに、④この僧の鼻より氷魚の一つ、ふと出でたりければ、あるじあやしうおぼえて、「その鼻より氷魚の出でたるは、いかなることにか。」と言ひければ、Bとりもあへず、「このごろの氷魚は、*目鼻より降り候ふなるぞ。」と言ひたりければ、⑤人みな、はと笑ひけり。

＊氷魚…アユの稚魚。「ひうを」の転。体長二〜三センチメートルの半透明の白色の魚。

＊目鼻より降り…「氷魚」を「雹《ひょう》」（雷雨に伴って降る氷片）に掛けて、「（氷魚が）目鼻から降る」と言った。

本文の展開 空欄にあてはまる語句を本文中から抜き出せ。［1点×4］

- 発端　ある僧が他家に出かけたところ、その家の主人が酒を勧め、手に入れた①［　　］でもてなした。
- 展開　主人が奥に入り、戻って見ると、氷魚がことのほかに減っていた。
- 最高潮　そのまま②［　　］していると、僧の鼻から氷魚が一匹飛び出した。
- 結末　僧が、最近の氷魚は③［　　］から降るそうだと言ったので、一同は④［　　］笑った。

重要古語 傍線部A・Bの本文中の意味を、それぞれ選べ。［2点×2］

A
ア　披露し
イ　大切にし
ウ　ほめそやし
エ　ごちそうし
［　　］

B
ア　ぬけぬけと
イ　しかたなく
ウ　即座に
エ　慌てて
［　　］

知・技　/16
思・判・表　/34
合計　/50
目標解答時間　25分

問一 文脈 傍線部①は、誰が、誰に、酒を勧めたのか。それぞれ三字で抜き出せ。［3点×2］

誰が

誰に

問二 内容 傍線部②は「口にすべきことでもなかったので」の意味だが、「あるじ」のどのような気持ちを表しているか。適当なものを次から選べ。［6点］

ア 何とあさましいことをするのだろうと、僧を軽蔑し冷笑している。

イ とがめたり問い質《ただ》したりもできず、間の悪さに当惑している。

ウ 好物を食べられてしまって、情けなく悔しく思っている。

エ 思ったとおりなので、驚きもせず冷静に受け止めている。

問三 口語訳 傍線部③を十字以内で口語訳せよ。［6点］

問四 理由 傍線部④について、僧の鼻から氷魚が飛び出してきたのはなぜか。適当なものを次から選べ。［6点］

ア 氷魚をたくさん口に押し込みすぎて、飲み込みきれなかったから。

イ みんなを笑わせようと、わざと鼻の中に氷魚を一匹入れていたから。

ウ 魚食を禁じられている僧が氷魚を食べたので、罰が当たったから。

エ 初めて食べた氷魚の味が口に合わず、思わずむせたから。

問五 理由 傍線部⑤の理由として適当なものを次から選べ。［6点］

ア 「氷魚」に「雹」を掛けてあるじをやりこめたのが痛快だったから。

イ 氷魚を一人で食べた僧へのこらしめに胸のすく思いがしたから。

ウ 追及されて支離滅裂に答えた僧が気の毒に思えたから。

エ 僧の苦し紛れの駄洒落《だじゃれ》が妙に場の雰囲気に合ったから。

文法の整理 形容動詞

形容動詞は、自立語で活用があり、性質・状態を表し、言い切ると「なり」「たり」で終わる。

その活用には、終止形の活用語尾が「なり」となるナリ活用と、「たり」となるタリ活用の二種類がある。タリ活用形容動詞は、和漢混交文体の軍記物語などに限られる。

◆形容動詞の活用

基本形	語幹	未然形	連用形	終止形	連体形	已然形	命令形	活用の種類
		活用語尾						
豊かなり	豊か	なら	なり に	なり	なる	なれ	(なれ)	ナリ活用
堂々たり	堂々	(たら)	たり と	たり	たる	(たれ)	(たれ)	タリ活用

問題演習

1 次の(1)~(8)の中から、形容動詞を四つ選べ。［2点×4］

(1)心得たり (2)盛りなり (3)大願なり (4)荒涼たり

(5)愚かなり (6)勇者なり (7)清げなり (8)聖人たり

2 次の文から形容動詞を抜き出せ。［2点×2］

(1)この氷魚のことのほかに少なくなりたりければ、(3行)

(2)その鼻より氷魚の出でたるは、いかなることにか。(6行)

14 今昔物語集

奈良時代 | 平安時代 | 鎌倉時代 | 室町時代 | 江戸時代
700 800 900 1000 1100 1200 1300 1400 1500 1600 1700 1800 1900
（今昔物語集）

義孝《よしたか》の少将は書道の名人藤原行成《ゆきなり》の父で、『小倉百人一首』の「君がため惜しからざりし命さへ長くもがなと思ひけるかな」の名歌をよんだ人。その死の惜しまれたことが、『大鏡』にも載っている。

今は昔、右近少将《うこんのせうしやう》*藤原義孝といふ人ありけり。①形、有様より始めて、心ばへ、Aみな人にすぐれてなむありける。また、道心*なむ深かりけるに、いと若くして失せにければ、親しき人々嘆き悲しみけれども、かひなくてやみにけり。

の才《ざい》B

［A］、失せてのち、十月《とつき》ばかりを経て、賀縁《がえん》*といふ僧の夢に、②少将いみじく心地よげにて笛を吹くと見るほどに、ただ口*を鳴らすになむありける。賀縁これを見て言はく、「母のかくばかり恋ひ給ふを、いかにかく心地よげにてはするぞ。」と言ひければ、少将答ふることはなくして、かくなむよみける。

③しぐれにはちぐさの花ぞ散りまがふ④なにふるさとの袖濡らすらむ

＊右近少将…右近衛府の次官。近衛府は宮中を守護する役所で左右に分かれていた。少将は中将の下の位。　＊道心…仏教の信仰心。　＊賀縁…天台宗の僧。　＊口を鳴らす…口笛を吹く。

文法　係り結び

係り結びの法則

本文の展開

空欄にあてはまる語句を本文中から抜き出せ。［1点×4］

前段 右近少将藤原義孝は形・有様が端麗で、心ばえや［①］もほかの人より優れていた。また少将は［②］も深かったが、若くして死んだので、親たちは嘆き悲しんだ。

後段 十か月ほどたって、その少将が僧の賀縁の［③］に現れた。楽しそうなのでわけを問うと、自分はさまざまな［④］が散り乱れる所に生まれ変わって幸せだと歌をよんだ。

重要古語

傍線部A・Bの本文中の意味を、それぞれ選べ。［2点×2］

A　ア 気だて　イ 心情　ウ 心づかい　エ 意思

B　ア 才能　イ 学識　ウ 機知　エ 年齢

知・技 /16
思・判・表 /34
合計 /50
目標解答時間 25分

問一 口語訳 傍線部①を、十五字以内で口語訳せよ。［6点］

問二 文脈 空欄Aに入る言葉として適当なものを次から選べ。［5点］

ア しかれば　**イ** しかるに　**ウ** また　**エ** ただし

問三 理由 傍線部②について、少将が死後も「いみじく心地よげに」いることができたのは、生前のどのような行いによると考えられるか。該当する箇所を、十字以内で抜き出せ。［6点］

問四 口語訳 傍線部③の意味として適当なものを次から選べ。［6点］

ア 極楽浄土では時雨のころになると、さまざまな花が散ってしまう。

イ 俗世では時雨のころにもさまざまな花が咲き、悲しい気持ちになる。

ウ 極楽浄土ではさまざまな花がまるで時雨のように散り乱れ、楽しく過ごしている。

エ 俗世ではさまざまな花が咲くが、悲しいことも多い。

問五 文脈 傍線部④は「どうしてふるさとの人は私のことを嘆き悲しんで、涙で袖を濡らしているのだろうか。」という意味だが、賀縁のどの言葉に対して言ったものか。本文中から十二字以内で抜き出せ。［7点］

文法の整理　係り結び

文は普通、活用語の終止形で言い切るのが原則である。しかし、文中に係助詞「ぞ」「なむ（なん）」「や（やは）」「か（かは）」が用いられている場合は、文末を連体形で結び、係助詞「こそ」が用いられている場合は、已然形で結ぶ。この呼応の決まりを**係り結びの法則**という。結びの語が**省略**されていたり、接続助詞がついて終止せずに、結びの**流れ・消滅**となったりする場合もある。

問題演習

1 傍線部の係助詞の結びの語を抜き出せ。［2点×4］

(1) 梅の花色①こそ見えね香②やは隠るる（古今集）

(2) かかるわざをしてさいなまるる③こそ、いと心づきなけれ。いづ方へ④かまかりぬる。（源氏物語）

① ② ③ ④

2 傍線部の係助詞の結びは、省略・消滅のどちらになっているかを答えよ。［2点×2］

(1) 道心なむ深かりけるに、いと若くして失せにければ、親しき人々嘆き悲しみけれども、かひなくてやみにけり。（2行）

(2) ただ人にはあらざりけるとぞ。（徒然草）

15 徒然草

仏の弟子である僧といえども、腹を立てたりどなったりすることもある。自分を堀に落とした相手をさんざんに叱りつけた証空上人《しょうくうしょうにん》のことを、兼好法師はどう思ったのだろうか。

＊高野《かうや》の証空上人、京へ上りけるに、細道《ほそみち》にて、馬に乗りたる女の行きあひたりけるが、口引きける男、①あしく引きて、聖《ひじり》の馬を堀へ落としてけり。聖、いと A腹あしくとがめて、「こは B希有《けう》の狼籍《らうぜき》かな。＊四部《しぶ》の弟子はよな、比丘《びく》よりは比《び》丘尼《くに》は劣り、比丘尼より優婆塞《うばそく》は劣り、優婆塞より優婆夷《うばい》は劣れり。かくのごとくの②優婆夷などの身にて、③比丘を堀へ蹴入れさする、未曾有《みぞう》の悪行《あくぎやう》なり。」と言はれければ、口引きの男、「いかに仰《おほ》せらるるやらん。④えこそ聞き知らね。」と言ふに、上人、なほ息まきて、「何と言ふぞ。非修非学《ひしゆひがく》の男。」と荒らかに言ひて、きはまりなき放言《はうごん》しつと思ひけるけしきにて、馬引き返して⑤逃げられにけり。

＊高野の証空上人…「高野」は高野山にある金剛峰寺《こんごうぶじ》。「証空上人」は伝未詳。　＊四部の弟子…比丘・比丘尼・優婆塞・優婆夷で、僧・尼・在家のまま仏門に入った男・同じく在家の女をいう。

本文の展開

空欄にあてはまる語句を本文中から抜き出せ。［1点×4］

事実

▼発端　証空上人が、京へ上る途中、馬もろとも①［　　］に落とされた。

▼展開　怒った上人は、相手の②［　　］と馬の口引きの男とに向かって、仏教の世界の論理でどなった。

▼結末　上人は、仏の③［　　］にあるまじき④［　　］だと気がついて、逃げてしまわれた。

作者の批評（省略）

重要古語

傍線部A・Bの本文中の意味を、それぞれ選べ。［2点×2］

A　ア　気分が悪く　イ　意地が悪い　ウ　短気に　エ　気にそまなく　［　　］

B　ア　とんでもない　イ　納得がいかない　ウ　すばらしい　エ　ずうずうしい　［　　］

文法　仮定条件と確定条件

接続助詞「ば」

知・技　/12

思・判・表　/38

合計　/50

目標解答時間　25分

問一 口語訳 傍線部①を口語訳せよ。［6点］

問二 文脈 傍線部②・③は誰のことか。本文中の表現で答えよ。［3点×2］

②

③

問三 理由 傍線部④について、なぜ聞いても理解できなかったのか。そのことを説明した次の文の空欄A〜Cに、適当な漢字二字の語を補え。［4点×3］

・上人が［ A ］して、漢語や［ B ］語を用いて罵倒《ばとう》したので、［ C ］のない馬引きの男には理解できなかった。

A

B

C

問四 理由 傍線部⑤について、証空上人はなぜ逃げたのか。その理由として適当なものを次から選べ。［5点］

ア 仏の戒めに反する悪口を言ったと反省し、いたたまれなかったから。
イ 悪口雑言《あっこうぞうごん》をあびせられて屈辱を感じ、いたたまれなかったから。
ウ 仕返しが心配で、その場にいるのが恐ろしかったから。
エ 無学の男が哀れで、その場にいるのがつらくなったから。

問五 主題 この文章に続いて、作者の批評の言葉が述べてある。その言葉として適当なものを次から選べ。［5点］

ア 深く信〈信仰〉を致しぬれば、かかる徳〈功徳〉もありけるにこそ。
イ 興《きょう》あらんとすることは、必ずあいなき〈ツマラナイ〉ものなり。
ウ 尊かりける〈尊ク思ワレタ〉いさかひ〈口論〉なるべし。
エ 先達《せんだち》〈指導者〉はあらまほしき〈必要ナ〉ことなり。

文法の整理　仮定条件と確定条件

現代文では「仮定形＋ば」で仮定条件を表すが、古文には仮定形がなく、「未然形＋ば」で仮定条件（もし…なら・もし…たら）を表す。口語の仮定形の代わりに文語には已然形があり、「已然形＋ば」で確定条件（…ので・…から・…と・…ところ・…といつも）を表す。

現代文 霜がおりれ《仮定形》**ば**、稲はすっかり枯れてしまう。　〈**仮定条件**〉

古文 霜の置か《未然形》**ば**、（稲は）みな枯れぬ。　〈**仮定条件**〉
もし霜がおり**たら**、（稲は）すっかり枯れてしまう。

霜の置きてけれ《已然形》**ば**、（稲は）みな枯れぬ。　〈**確定条件**〉
霜がおりてしまった**ので**、（稲は）すっかり枯れてしまった。

問題演習

1 **次の傍線部の語の活用形を答え、波線部の接続助詞「ば」のはたらきを、仮定条件、確定条件から選んで答えよ。**［1点×8］

(1) 山崩れなば、うち覆はれて、死にもぞする。（宇治拾遺物語）

(2) 時世《ときよ》経て久しくなりにければ、その人の名忘れにけり。（伊勢物語）

(3) 驚きて見れば、いみじうをかしげなる猫あり。（更級日記）

(4) 盃《さかづき》を取れば酒を思ひ、賽《さい》を取れば攤《だ》打たんことを思ふ。（徒然草）

16 十訓抄

文法 助動詞―き・けり

「き」と「けり」の違い

知・技	/18
思・判・表	/32
合計	/50

目標解答時間 25分

説話のおもしろさは、意外な展開にある。高野山にある金剛峰寺に参詣する旅の途上、京都大原に住む天台宗の修行僧たちは、どんな「意外」に顔を赤らめたのだろうか。

大原の聖*たち、四、五人ばかりつれて、高野へ参りけるに、河内《かはち》の国石川*の郡《こほり》にとどまりにけり。①家主《いへあるじ》は紺の直垂*《ひたたれ》ばかり着て、袴《はかま》は着ず。ことのほかに経営《けいめい》Aして、よき筵《むしろ》、畳《たたみ》など取り出だして敷きけり。日のいまだ高かりければ、聖一人、止観《しくわん》を取り出でて、復《ふく》しけり。主の僧寄りて、「何の文《もん》にか。」と問ひければ、「止観と申す文なり。②ただし四巻《しくわん》にはあらず。」と言ひければ、③重ねて言ふことはなくて、「此之止観天台智者*《しししくわんてんだいちしや》 説己心中所行法門《せつこしんちゆうしよぎやうほふもん》」と、しのびやかに誦《ずん》Bじければ、そのとき聖たち顔を赤め、舌《した》を巻きて、やみにけり。この僧は、もとは④山僧なりけるが、世間《せけん》に落ちて、縁《えん》に触れて、この所にとどまりにけり。

*聖…修行僧。　*石川の郡…今の大阪府河内長野市あたり。　*直垂…男子の通常服。
*此之～法門…「この止観は、天台智者が、己の心中に悟り得た仏の教えを説いたものである。」の意。

本文の展開

空欄にあてはまる語句を本文中から抜き出せ。［1点×4］

発端 大原の聖たちが①□へ参る途中、河内の国で泊まった。

展開 聖の一人が②□を何度も読み上げていると、主人が「何の経文か。」と問うので、「止観です。③□ではない。」と言ったところ、

結末 主人が「此之止観天台智者 説己心中所行法門」としのびやかに唱えたので、聖たちは顔を赤め、驚いた。

補足 主人はもと④□であった。

重要古語

傍線部A・Bの本文中の意味を、それぞれ選べ。［2点×2］

A
ア 世話を焼き
イ 調子を合わせ
ウ 態度を変え
エ 機嫌を取り
□

B
ア ゆったりと
イ なめらかに
ウ 小さな声で
エ 誇らしげに
□

問一 内容 傍線部①の家主は、出家はしたものの俗人に戻り、妻帯などして俗世に交わって暮らしている。そのことが示されている部分を、本文中から五字で抜き出せ。 〔7点〕

問二 理由 傍線部②について、修行僧はどうしてこのようなことを言ったのか。このときの気持ちとして適当なものを次から選べ。 〔7点〕

ア 笑い者にしてやろうと陥れる気持ち。
イ 貧しい者であるとばかにした気持ち。
ウ どんな態度に出るか試したい気持ち。
エ 無学の者であると見くびった気持ち。

問三 文脈 傍線部③について、家主は何を再び言うことがなかったのか。その内容を表す部分を、六字以内で抜き出せ。 〔7点〕

問四 知識 傍線部④について、本文中から判断してどこの山で修行した僧と考えられるか。適当なものを次から選べ。 〔6点〕

ア 吉野山《よしのやま》　イ 比叡山《ひえいざん》
ウ 筑波山《つくばさん》　エ 高野山《こうやさん》

問五 主題 この話からどのような教訓を学び取ることができるか。適当なものを次から選べ。 〔7点〕

ア 修行を怠るべきではないということ。
イ 偽りを言うべきではないということ。
ウ 他人を侮るべきではないということ。
エ 己を過信すべきではないということ。

文法の整理　助動詞―き・けり

◆き

活用

基本形	未然形	連用形	終止形	連体形	已然形	命令形	活用の型
き	(せ)	○	き	し	しか	○	特殊型

接続 活用語の**連用形**(カ変・サ変には**未然形**にも)に接続。

意味 **(1)過去** (…タ)

◆けり

活用

基本形	未然形	連用形	終止形	連体形	已然形	命令形	活用の型
けり	(けら)	○	けり	ける	けれ	○	ラ変型

接続 活用語の**連用形**に接続。

意味 **(1)過去** (…タ・…タトイウコトダ・…タソウダ)
(2)詠嘆 (…ナア・…タノダナア)

「き」は過去の直接経験(自分が経験した過去の回想)を表すのに対して、「けり」は過去の間接経験(間接的にほかから伝え聞いた過去の回想)を表す。

問題演習

1 傍線部の助動詞の意味・活用形を答えよ。 〔2点×4〕

(1) 双六《すぐろく》の上手といひし①人に、その手立てを問ひ侍りしか②ば、(徒然草)
双六の名人といった人に、その勝つ方法を尋ねましたところ、

(2) 「我をばはかるなりけり③。」とてこそ、泣かせ給ひけれ④。(大鏡)
「私をだましたのだなあ。」と言って、お泣きになったそうだ。

① ・　② ・　③ ・　④ ・

17 今《いま》物語

文法 助動詞―つ・ぬ・たり・り

『古今和歌集』の序文で、紀貫之《きのつらゆき》は「男と女の仲を融和させ、勇猛な武士の心をも慰めるのは歌である。」と述べている。次の話も、男女の仲に重要なはたらきかけをしている歌にまつわる話である。

このころのことかや、ある田舎人《みなかびと》、優なる女をA語らひて、都に住みわたりけるが、とみのことありて、田舎へ下《くだ》りなんとしける。①その夜となりて、この女、例ならずうちしめりて*、後ろ向きて寝たりけるを、男、いたう恨みてけり。

「いつまでか、②かくもいとはれ参らせん*。ただ今ばかり③向き給ひてあれかし。」

と言ひけるに、この女、

今さらにそむくにあらず君なくて④ありぬべきかとならふばかりぞ*

と言ひたりければ、男、めで惑ひて、⑤田舎下りとまりにけるとかや。

いとBやさしくこそ。

*例ならずうちしめりて…いつになくふさぎこんで。
*いとはれ参らせん…（あなたに）嫌われ申し上げるのでしょうか。
*ならふばかりぞ…慣れようとしているだけですよ。

本文の展開

空欄にあてはまる語句を本文中から抜き出せ。［1点×4］

発端　ある田舎人の男が上品な女と一緒に［①　］に住んでいたが、急ぎの用事で田舎へ行くことになった。

展開　出発の夜、ふさいで［②　］で寝ていた女に、男は恨み言を言った。

最高潮　女は、男がいなくなったあとの悲しみを歌によんだ。

結末　男は、歌に感動して、［③　］に行くことをやめたそうだ。

編者の評　実に［④　］いことである。

重要古語

傍線部A・Bの本文中の意味を、それぞれ選べ。［2点×2］

A
ア　うまくだまし
イ　語り合い
ウ　相談し
エ　契りを交わし
［　］

B
ア　恥ずかしく
イ　優美で
ウ　もったいなく
エ　賢明で
［　］

知・技　/12
思・判・表　/38
合計　/50
目標解答時間　20分

問一 内容　傍線部①はどのような夜と考えられるか。十字以内で答えよ（句読点不要）。〔7点〕

問二 文脈　傍線部②の内容を具体的にさし示す部分を、十字で抜き出せ。〔6点〕

問三 理由　傍線部③において、男が女に敬語「給ひ」を用いたのはなぜか。その理由として適当なものを次から二つ選べ。〔5点×2〕

ア 女の気持ちを少しでも静めようと思ったから。
イ つれない女に皮肉を言うため。
ウ 女のほうが身分が高かったから。
エ 女への愛情が思わず募ったから。
オ 自分の立場が弱いと思ったから。

問四 口語訳　傍線部④の意味として適当なものを次から選べ。〔5点〕

ア 生きていられるかどうかと　**イ** あるにちがいないと
ウ 待っているだろうかと　**エ** 存在すべきだろうかと

問五 理由　傍線部⑤について、男が田舎への下向を止めたのはなぜか。適当なものを次から選べ。〔6点〕

ア 男が女を恨みきれなかったから。
イ 女の恨み言に男が混乱したから。
ウ 女の真情に男があわれを感じたから。
エ 女のよんだ歌を男が理解できなかったから。

文法の整理　助動詞―つ・ぬ・たり・り

◆つ・ぬ

活用

基本形	未然形	連用形	終止形	連体形	已然形	命令形	活用の型
つ	て	て	つ	つる	つれ	てよ	下二段型
ぬ	な	に	ぬ	ぬる	ぬれ	ね	ナ変型

接続　活用語の**連用形**に接続。

意味　**(1)完了**　（…タ・…テシマッタ・…テシマウ）
(2)強意（確述）　（キット…スル・…テシマウ）

◆たり・り

活用

基本形	未然形	連用形	終止形	連体形	已然形	命令形	活用の型
たり	たら	たり	たり	たる	たれ	（たれ）	ラ変型
り	ら	り	り	る	れ	（れ）	

接続　「たり」は活用語の**連用形**に接続。「り」はサ変動詞の未然形、四段動詞の**已然形**（命令形接続の説もある）に接続。

意味　**(1)存続**　（…テイル・…テアル）
(2)完了　（…タ・…テシマッタ）

問題演習

1 傍線部の助動詞の意味・活用形を答えよ。〔2点×4〕

(1) 泣きて伏せれ①ば、心惑ひぬ②。（竹取物語）
（翁が）泣き伏しているので、（かぐや姫も）途方に暮れてしまった。

① ・　② ・

(2) 我も死に、聖《ひじり》も失せ③なば、尋ね聞きて④んや。（徒然草）
私も死に、聖も死んでしまったら、尋ね聞けようか、いや、きっとできないだろう。

③ ・　④ ・

徒然草
奈良時代 平安時代 鎌倉時代 室町時代 江戸時代
700 800 900 1000 1100 1200 1300 1400 1500 1600 1700 1800 1900

役所内に牛が入ってくるというハプニングに人々は動転して大騒ぎになる。見事にその場を収めた太政大臣藤原実基《さねもと》公の考えに、兼好法師は大いに共鳴したようである。

*徳大寺《とくだいじ》の故大臣殿《こおほいどの》、*検非違使《けんびゐし》の別当《べつたう》のとき、中門《ちゆうもん》にて使庁《しちやう》の評定《ひやうぢやう》行はれけるほどに、官人章兼《くわんにんあきかね》が牛放《はな》れて、庁《ちやう》の内《うち》へ入《い》りて、*大理《だいり》の座の*浜床《はまゆか》の上に上りて、にれうちかみて臥《ふ》したりけり。「重き怪異《けい》なり。」とて、①牛を陰陽師《おんやうじ》のもとへつかはすべきよし、各々《おのおの》申しけるを、②*父の相国《しやうこく》聞き給ひて、「牛に分別《ふんべつ》なし。足あれば、③いづくへか上らざらん。尩弱《わうじやく》の官人、たまたま出仕《しゆつし》の微牛《びぎう》を取らるべきAやうなし。」とて、牛をば主《ぬし》に返して、④臥したりける畳をば換へられにけり。Bあへて凶事《きやうじ》なかりけるとなん。

「怪《あや》しみを見て怪しまざるときは、怪しみかへりて破る。」と言へり。

*徳大寺の故大臣殿…藤原公孝《きんたか》。 *検非違使の別当…京都の警察と裁判所の長官。 *大理…「検非違使の別当」のこと。 *浜床…貴人の座る場所。 *父の相国…公孝の父藤原実基。

文法 助動詞―む・むず

〈見分け方〉む

知・技 /14
思・判・表 /36
合計 /50
目標解答時間 20分

本文の展開 空欄にあてはまる語句を本文中から抜き出せ。［1点×4］

発端 公孝公が検非違使の①［　］のとき、牛が使庁の中に入って来て、長官の座る席に臥した。

展開 これは重大な異変であると人々が騒ぎ、②［　］のもとに牛をやって占ってもらうべきだと申した。

最高潮 実基公は③［　］を取り換えただけで持ち主に牛を返した。

結末 ④［　］は起こらなかった。

補足 怪異も人が騒がなければ消滅する。

重要古語 傍線部A・Bの本文中の意味を、それぞれ選べ。［2点×2］

A
ア 様子
イ 結果
ウ 風習
エ 理由
［　］

B
ア きっと
イ 強いて
ウ どうして
エ 全く
［　］

問一 理由 傍線部①の理由として適当なものを次から選べ。 [4点]

ア 神聖な動物であるはずの牛がこのことによって汚《けが》れてしまったから。
イ 牛の悪い性質を陰陽師に治してもらうため。
ウ 牛にどんな罰を与えればよいか判断してもらうため。
エ 牛の行為が不吉なことの前兆かどうか占ってもらうため。

問二 内容 傍線部②以下の発言から読み取ることができる実基の心情はどのようなものか。適当なものを次から選べ。 [4点]

ア 思慮分別のない牛の行為をとがめて没収するのは持ち主が気の毒だ。
イ 牛ごときのしたことに、持ち主でもないのに責任を持つ必要はない。
ウ 貧しい官人が牛を飼っていること自体、無理なことだ。
エ 所詮《しょせん》動物の気持ちなど人間に理解できるわけがない。

問三 口語訳 傍線部③を、反語表現に注意して口語訳せよ。 [4点]

問四 理由 傍線部④で、実基が畳を換えた理由として、畳が汚れたことのほかに何が考えられるか。そのことを説明した次の文の空欄A・Bに、漢字二字の適当な言葉を補え。 [5点×2]

・人々の[A]を逆《さか》なでせず、恐れと[B]を取り除こうとした。

A [　　] B [　　]

問五 主題 実基とその他の人々との間には、ものの考え方に差異が見られる。その考え方として適当なものをそれぞれ次から選べ。 [5点×2]

ア 開放的 **イ** 迷信的 **ウ** 刹那《せつな》的
エ 楽天的 **オ** 合理的 **カ** 打算的

実基 [　　] 人々 [　　]

文法の整理 助動詞―む・むず

活用 基本形	未然形	連用形	終止形	連体形	已然形	命令形	活用の型
む	(ま)	○	む〈ん〉	む〈ん〉	め	○	四段型
むず	○	○	むず〈んず〉	むずる〈んずる〉	むずれ〈んずれ〉	○	サ変型

接続 活用語の**未然形**に接続。

意味
(1) **推量**（…ウ・…ヨウ・…ダロウ）
(2) **意志**（…ウ・…ヨウ・…ツモリダ）
(3) **適当・勧誘**（…ベキダ・…ノガヨイ・…タラドウダ）
(4) **仮定**（…トシタラ）
(5) **婉曲**（…ヨウナ）

文中の連体形「む」は、仮定か婉曲の場合が多い。適当・勧誘の場合は、「こそ……め」「なむ」「てむ」の形をとることが多い。

問題演習

1 傍線部の助動詞の意味と活用形を答えよ。 [2点×5]

(1) あやし、いかにするにかあらむ①。（大和物語）
変だ、どうするのだろうか。

(2) 第一の人に、また一に思はれむ②とこそ思はめ③。（枕草子）
第一に思う人に、自分もまた第一に思われようと思うのがよい。

(3) 足の向きたらむ④方へ往なむず⑤。（竹取物語）
足の向いたようなほうへ行こう。

① [　・　] ② [　・　] ③ [　・　] ④ [　・　] ⑤ [　・　]

19 古本《こほん》説話集

文法 助動詞—らむ・けむ

古本説話集（鎌倉時代）
奈良時代 | 平安時代 | 鎌倉時代 | 室町時代 | 江戸時代
700 800 900 1000 1100 1200 1300 1400 1500 1600 1700 1800 1900

式部省の次官大江匡衡《おおえのまさひら》は、二十四歳で文章生《もんじょうのしょう》(大学で歴史や詩文を学ぶ学生で、試験に合格した者)となり、詩歌や学問に才能を発揮した。次の文章はその機知と歌才を伝える話である。

今は昔、式部大輔《しきぶのたいふ》匡衡、*学生《がくしやう》にて、①いみじき者なり。才《ざえ》はきはめてめでたけれど、Aみめはいとしもなし。丈《たけ》高く、*指肩《さしかた》にて、見苦しかりければ、女房ども、②「言ひまさぐりて、笑はん。」とて、*和琴《わごん》をさし出《い》だして、「よろづのこと③知り給ひたんなるを、これ弾《ひ》き給へ。聞かん。」と言ひければ、よみて、

逢坂《あふさか》の関《せき》のBあなたもまだ見ねば④あづまのことも知られざりけり

と言ひたりければ、⑤女房ども、え笑はで、やはらづつ引き入りにけり。

*赤染衛門《あかぞめのゑもん》が*男なり。

*学生…式部省の大学寮などに在籍して学問をする者。　*指肩…高く張った、いわゆる怒り肩。
*和琴…六弦の弦楽器。「東琴《あづまごと》」ともいう。　*赤染衛門…平安中期の女性歌人。　*男…夫。

本文の展開

空欄にあてはまる語句を本文中から抜き出せ。［1点×4］

主人公の紹介 式部大輔匡衡は ① として秀才であった。

事件の発生 背が高く、② であった匡衡をからかってやろうとした女房どもが、③ を弾けと言って差し出した。

事件の展開 匡衡は歌をよみ、④ の弾き方はわからないと答えた。

事件の結末 女房どもは歌の返しができず笑うこともできなかった。

重要古語

傍線部A・Bの本文中の意味を、それぞれ選べ。［2点×2］

A　ア 家柄　イ 地位　ウ 外見　エ 人柄

B　ア あの方《かた》　イ 将来　ウ 以前　エ 向こうのほう

知・技 /12
思・判・表 /38
合計 /50
目標解答時間 20分

問一 口語訳 傍線部①を口語訳せよ。 [7点]

問二 理由 傍線部②について、女房たちがそのように思ったのはなぜか。適当なものを次から選べ。 [6点]

ア 匡衡の背が高かったから。
イ 匡衡がすぐれた歌よみであったから。
ウ 匡衡が見苦しい容姿の男であったから。
エ 匡衡がすぐれた才能の持ち主であったから。

問三 口語訳 傍線部③はどういう意味か。適当なものを次から選べ。 [6点]

ア お知りになっていらっしゃるが
イ ご存じでいらっしゃるそうですから
ウ ご存じでいらっしゃるのでしたら
エ お知りくださっているということですが

問四 表現 傍線部④に掛かっている二つの意味について説明した次の文の空欄A・Bに、適当な漢字一字をそれぞれ補え。 [4点×2]

・「あづまのこと」には、「東国の[A]」と「東の[B]」とが掛けてある。

A　B

問五 主題 傍線部⑤の理由として適当なものを次から選べ。 [7点]

ア 匡衡をからかうつもりが、見事な歌でやり返され、恥じ入ったから。
イ 慌てて歌をよんだ匡衡が滑稽で、人前での笑いを抑えかねたから。
ウ 予想に反して無能な匡衡に驚きあきれ、興ざめしたから。
エ 歌をよむことで琴の演奏を断った匡衡に立腹したから。

文法の整理　助動詞—らむ・けむ

◆らむ

基本形	未然形	連用形	終止形	連体形	已然形	命令形	活用の型
らむ〈らん〉	○	○	らむ〈らん〉	らむ〈らん〉	らめ	○	四段型

接続 活用語の**終止形**に接続。（ラ変型には**連体形**に接続。）

意味
(1) **現在推量**　（今ゴロハ…テイルダロウ）
(2) **現在の原因推量**　（…ダカラダロウ）
(3) **現在の伝聞**　（…トカイウ・…ソウダ）
(4) **現在の婉曲**　（…テイルヨウナ）

◆けむ

基本形	未然形	連用形	終止形	連体形	已然形	命令形	活用の型
けむ〈けん〉	○	○	けむ〈けん〉	けむ〈けん〉	けめ	○	四段型

接続 活用語の**連用形**に接続。

意味
(1) **過去推量**　（…タダロウ・…ダッタロウ）
(2) **過去の原因推量**　（…ダッタノダロウ）
(3) **過去の伝聞**　（…タトカイウ・…タソウダ）
(4) **過去の婉曲**　（…タヨウナ・…タト思ワレル）

問題演習

1 傍線部の助動詞の意味と活用形を答えよ。 [2点×4]

(1) 子泣くらむ①それその母も吾《あ》を待つらむ②ぞ　（万葉集）

(2) 罪せられけん③、いかにくやしかりけん④。　（宇治拾遺物語）
罰せられたとかいうことは、どんなにか悔しかっただろう。

①　・
②　・
③　・
④　・

奈良時代｜平安時代｜鎌倉時代｜室町時代｜江戸時代
700 800 900 1000 1100 1200 1300 1400 1500 1600 1700 1800 1900
伊曽保物語

20 伊曽保物語

文法 助動詞―べし

〈見分け方〉「べし」

病気になったとき、自分が恐れている相手が見舞いに来てくれてもあまりうれしいものではない。百獣の王であるためそれに気づかず、ロバを熱心に看病するライオンはあわれにも見えるだろう。

ある＊驢馬《ろば》病《やまひ》しけるところに、＊獅子王《ししわう》来て、①その脈を取り試む。驢馬これを恐るること限りなし。獅子王、Aねんごろのあまりに、②その身をあそこここを撫《な》で回して、「いづくか痛きぞ。」と問へば、驢馬つつしんでいはく、「獅子王の御手の当たり候《さうら》ふ所は、③今までかゆき所も痛く候ふ。」と、震ひ震ひぞ申しける。

そのごとく、④人の思はくをも知らず、ねんごろだてこそBうたてけれ。大切を尽くすといふとも、常に馴《な》れたる人のことなり。知らぬ人にあまりに礼をするも、かへつて狼籍《らうぜき》とぞ見えける。

＊驢馬…ウマ科の哺乳類。馬より小さく、性質は温和で忍耐力が強い。

＊獅子王…百獣の王と呼ばれるライオン。

本文の展開

空欄にあてはまる語句を本文中から抜き出せ。［1点×3］

第一段 事例

▼発端 驢馬が病むところに獅子王が来て、①［　　］を取った。

▼展開 獅子王が驢馬の②［　　］をさわり、痛む所を尋ねた。

▼結末 驢馬は、獅子王の③［　　］が当たる所が痛いと恐る恐る答えた。

第二段 作者の意見

親切も相手による。

重要古語

傍線部A・Bの本文中の意味を、それぞれ選べ。［2点×2］

A
ア 愛情
イ 心配
ウ 親切
エ 驚き

［　　］

B
ア 大切だ
イ 不審だ
ウ いやだ
エ 悪質だ

［　　］

知・技 /16

思・判・表 /34

合計 /50

目標解答時間 20分

問一 口語訳 傍線部①はどういう意味か。適当なものを次から選べ。［6点］

ア 命を奪おうとする　イ 脈拍を調べる

ウ 手術をしようとする　エ 臨終を看取《みと》る

問二 文脈 傍線部②の「そ」は具体的に何をさしているか。一語で答えよ。［6点］

問三 理由 傍線部③について、なぜそのように感じるのか。十字以内で答えよ（句読点不要）。［7点］

問四 内容 傍線部④について、誰が何をわかっていないのか。適当なものを次から選べ。［6点］

ア 驢馬が、獅子王がどれだけ深く心配しているかわかっていない。

イ 驢馬が、獅子王が危害を加えようとしているかわかっていない。

ウ 獅子王が、驢馬が恐怖におののいていることをわかっていない。

エ 獅子王が、驢馬の病気の重さがどれほどかわかっていない。

問五 主題 この話の教訓として適当なものを次から選べ。［6点］

ア たいして親しくもない人に親切にしても、迷惑がられるものだ。

イ どんなに親しい間柄でも、それなりの礼儀は心得なければならない。

ウ 他人のことに余計な口出しをすると、自分が痛い目にあうものだ。

エ ふだんやり慣れていないことを急にしても、うまくはいかない。

文法の整理　助動詞―べし

活用

基本形	未然形	連用形	終止形	連体形	已然形	命令形	活用の型
べし	べく べから	べく べかり	べし	べき べかる	べけれ	○	形容詞型

接続　活用語の**終止形**に接続。（ラ変型には**連体形**に接続。）

意味

(1) **推量**（…ニチガイナイ・…ソウダ・…ダロウ）

(2) **意志**（…ウ・…ヨウ・…ツモリダ）

(3) **適当**（…ノガヨイ・…ノガ適当ダ）

(4) **当然・義務**（…ハズダ・…ナケレバナラナイ・…ベキダ）

(5) **強い勧誘・命令**（…ベキダ・…セヨ）

(6) **可能**（…デキル・…デキルハズダ）

問題演習

1 傍線部の助動詞の意味・活用形を答えよ。［2点×6］

(1) さりぬべき①折を見て対面すべく②たばかれ。（源氏物語）

ちゃんとした機会を見て対面できるように工夫してくれ。

(2) 祝ふべき③日などは、あさましかりぬべし④。（徒然草）

祝意を表さなければならない日などは、（酔いつぶれるのは）全くあきれたことだろう。

(3)「なんぢが髻《もとどり》と思ふべから⑤ず、主《しゅう》の髻と思ふべし⑥。」（平家物語）

「おまえの髻と思うな、主人の髻と思え。」

① ・　② ・　③ ・　④ ・　⑤ ・　⑥ ・

21 徒然草

文法 助動詞―まし・らし

園《その》の別当入道《べっとうにゅうどう》は料理の腕前で有名な人であった。ある所で鯉《こい》が出されたとき、周囲の者たちはみな、同じことを考えていた。それに気づいた別当入道は機転を利かせるが……。

園*の別当入道は、さうなき[A]庖丁者《はうちやうじや》なり。ある人のもとにて、いみじき[B]鯉を出だしたりければ、みな人、別当入道の庖丁を見ばやと思へども、たやすくうち出でん[①]もいかがとためらひけるを、別当入道さる人[②]にて、「このほど百日*の鯉を切り侍るを、今日欠き侍るべきにあらず。まげて申し請けん。[③]」とて切られける、いみじくつきづきしく、興ありて人ども[④]思へりけると、ある人、北山太政《きたやまのだいじやう》入道殿[⑤]*に語り申されたりければ、「かやうのこと、おのれはよにうるさくおぼゆるなり。切りぬべき人なくは、給《た》べ、切らんと言ひたらんは、なほよかりなん。なでふ*、百日の鯉を切らんぞ。」とのたまひたりし、をかしくおぼえしと、人の語り給ひける、いとをかし。

*園の別当入道…藤原基藤《もとふじ》。 *北山太政入道殿…西園寺実兼《さいおんじさねかね》。 *百日の鯉を切り侍るを…願をかけて百日の間毎日鯉を料理していますが。 *なでふ…何だって。どうして。

本文の展開

空欄にあてはまる語句を本文中から抜き出せ。［1点×4］

人物紹介 園の別当入道はすぐれた料理人だった。

事件 ある人の所で鯉が出たときに、別当入道は［①　　］の意向をくみとって、［②　　］の願をかけているからと言って、料理の腕を披露した。

後日談 これを聞いた北山太政入道が、適当な人がいなければ私に［③　　］と言えば［④　　］いいのにとおっしゃったというのは、実におもしろい。

重要古語

傍線部A・Bの本文中の意味を、それぞれ選べ。［2点×2］

A
ア 経験の豊富な
イ 比べる者のない
ウ 失敗することのない
エ 世に知られた
［　　］

B
ア ひどい
イ 甚だしい
ウ もったいない
エ すばらしい
［　　］

知・技 /12
思・判・表 /38
合計 /50
目標解答時間 20分

問一 内容 傍線部①は、何を「うち出でん」と言っているのか。次から選べ。［6点］

ア 園の別当入道に簡単に料理をさせてはならないということ。
イ 園の別当入道が百日間鯉料理をする願かけをしていること。
ウ 園の別当入道が鯉を料理する様子を見たいということ。
エ 園の別当入道が料理をしたいと思っていること。

問二 内容 傍線部②は、どういう人だというのか。次から選べ。［6点］

ア 料理自慢の虚栄心の強い人
イ 鯉料理に願かけをする熱心な人
ウ 場の空気を読み配慮する人
エ 人々に対して遠慮する慎み深い人

問三 口語訳 傍線部③は、どういう意味か。次から選べ。［5点］

ア 無理にでも料理を見せていただきたい
イ ぜひともその鯉をいただきたい
ウ しいて鯉をあなたに差し上げたい
エ 何とかあなたの料理を食べたい

問四 内容 傍線部④・⑤は、園の別当入道の振る舞いをどのように評価したか。それぞれ形容詞一語を抜き出せ。［5点×2］

④

⑤

問五 主題 傍線部⑤は、園の別当入道の言動のどういう点について批評したのか。二十字以内で説明せよ。［7点］

文法の整理 助動詞―まし・らし

◆まし

基本形	未然形	連用形	終止形	連体形	已然形	命令形	活用の型
まし	ましか〈ませ〉	○	まし	まし	ましか	○	特殊型

接続 活用語の**未然形**に接続。

意味 **(1)反実仮想**（モシ〜ダッタラ…ダロウニ）
(2)実現不可能な希望（…ダッタラヨカッタノニ）
(3)迷い・ためらい（…タラヨカロウカ）

◆らし

基本形	未然形	連用形	終止形	連体形	已然形	命令形	活用の型
らし	○	○	らし	らし（らしき）	らし	○	特殊型

接続 活用語の**終止形**に接続。（ラ変型には**連体形**に接続。）

意味 **(1)（根拠のある）推定**（…ラシイ・…ニチガイナイ）

■問題演習■

1 傍線部の助動詞「まし」の反実仮想の意味に注意して、事実はどうであったかを答えよ。［4点］

やがてかけこもらましかば、くちをしからまし。（徒然草）

もしすぐさま掛け金を掛けて（部屋に）引きこもったなら、（情緒もなく）残念だったろうに。

2 傍線部の推定の根拠となる部分を抜き出せ。［4点］

深山《みやま》には霰《あられ》降るらし外山《とやま》なる正木《まさき》の葛《かづら》色づきにけり（古今集）

奥山では霰が降るらしい。里近くの山の正木の葛が色づいたよ。

22 古今著聞集

文法 助動詞—なり・めり

「らし」「なり」「めり」の違い

「浦島太郎」「舌切り雀《すずめ》」のように、昔話には人間に助けられた動物が恩返しをする話が多いが、救ったつもりが相手にとってはそうではない場合もある。人間どうしにもいえる話ではないだろうか。

*東大寺の上人春豪房《しやうにんしゆんがうばう》、*伊勢《いせ》の海一志《いちし》の浦にて、海人《あま》蛤《はまぐり》をとりけるを見給ひて、あはれみをなして、みな買ひ取りて海に入れられにけり。①ゆゆしき功徳《くどく》作りぬと思ひて、②臥《ふ》し給ひたる夜の夢に、蛤多く集まりて、Aうれへて言ふやう、我、畜生《ちくしやう》の身を受けて、出離《しゆつり》の期《ご》を知らず、たまたま*二の宮の御前《ごぜん》に参りて、すでに得脱《とくだつ》すべかりつるを、B上人よしなきあはれみをなし給ひて、また重苦《ぢゆうく》の身となりて、出離の縁を失ひ侍りぬる、かなしきかなや、かなしきかなやと言ふと見て、夢さめにけり。③上人、啼泣《ていきふ》し給ふこと限りなかりけり。*放生《はうじやう》の功徳もことによるべきにこそ。

*東大寺の上人春豪房…伝未詳。　*伊勢の海一志の浦…今の三重県の伊勢の浦の海岸線に続く名所。　*二の宮…伊勢神宮所属の神社。　*放生…捕らえられた生き物を放すこと。

本文の展開

空欄にあてはまる語句を本文中から抜き出せ。［1点×4］

具体例

▼発端　東大寺の春豪上人が、海人の採った蛤を買い取り、［①　　］をした。

▼展開　上人の［②　　］に蛤が現れて、上人の要らぬ［③　　］のために、蛤の身から［④　　］するきっかけを失ったと訴えた。

▼結末　上人は涙を流して泣いたそうだ。

教訓

▼添加　放生の功徳も場合によるものである。

重要古語

傍線部A・Bの本文中の意味を、それぞれ選べ。［2点×2］

A
ア 感謝し
イ 嘆き
ウ 喜び
エ 心配し

B
ア このうえない
イ やむを得ない
ウ 誠意のない
エ つまらない

知・技　/18
思・判・表　/32
合計　/50
目標解答時間　20分

問一 語句 傍線部①の意味として適当なものを次から選べ。［6点］

ア 不吉な、神仏のとがめを受けるような罪つくり
イ すばらしい、神仏の報いを得るほどの善行
ウ 吉凶が予測できないような、神仏への行為
エ 恐ろしく思われるほど熱心な、神仏に対する信仰

問二 文脈 傍線部②について、上人が見た夢の内容にあたるのはどこまでか。終わりの三字で答えよ。［7点］

問三 文脈 上人が見た夢の中に、会話がある。初めと終わりの四字で答えよ。［7点］

問四 理由 傍線部③の理由として適当なものを次から選べ。［6点］

ア 俗界の縁を離れることができた蛤の感謝の言葉に深く感動したから。
イ 救った蛤に恩知らずなことをくどくど言われて情けなく思ったから。
ウ 蛤を今の境涯から救い出してやれない自分の無力を悲しんだから。
エ 蛤を救ったつもりが、かえってみじめな境界《きょうがい》に落としたことがわかり、後悔したから。

問五 主題 編者が主張していることは何か。適当なものを次から選べ。［8点］

ア 放生はいつも功徳となるわけではなく、時には大きな罪悪になる。
イ 放生は積極的にすべきであり、夢などに惑わされてはならない。
ウ 放生は功徳とならず、大きな罪悪である。
エ 生あるものの命を助け、善根を積むべきである。

文法の整理 助動詞―なり・めり

◆なり

活用

基本形	未然形	連用形	終止形	連体形	已然形	命令形	活用の型
なり	○	なり	なり	なる	なれ	○	ラ変型

接続 活用語の**終止形**に接続。（ラ変型には**連体形**に接続。）

意味 (1)**推定**（…ヨウダ・…ラシイ・…ニチガイナイ）
(2)**伝聞**（…トイウコトダ・…ソウダ）

推定の用法の多くは、声・音によって判断している。

◆めり

活用

基本形	未然形	連用形	終止形	連体形	已然形	命令形	活用の型
めり	○	（めり）	めり	める	めれ	○	ラ変型

接続 活用語の**終止形**に接続。（ラ変型には**連体形**に接続。）

意味 (1)**推定**（…ヨウニ見エル・…ヨウダ）
(2)**婉曲**（…ヨウダ）

推定の場合、目で見た事柄に基づく視覚的推定が多い。

問題演習

1 傍線部の助動詞の意味・活用形を答えよ。［4点×2］

(1) 男もすなる日記《にき》といふものを、女もしてみむとて、（土佐日記）
男性が書くという日記というものを、女性である私も書いてみようと思って、

(2) 恐ろしと思ひつるにこそあるめれ。（今昔物語集）
（男が震えているのは）恐ろしいと思ったからであるようだ。

奈良時代｜平安時代｜鎌倉時代｜室町時代｜江戸時代
700 800 900 1000 1100 1200 1300 1400 1500 1600 1700 1800 1900
蕪村自画賛

23 蕪《ぶ》村《そん》自画賛

文法 助動詞—ず

津軽《つがる》に向かう旅の宿で、作者の蕪村は、月明かりの夜に麦をついている男を見た。その名から男を月の世界の住人のようにとりなし、そのおもしろさを句にしている。幻想的で絵になる俳文である。

出羽《では》の国より陸奥《みちのく》の方《かた》へ通りけるに、山中にて日暮れければ、からうじて*九《や》十《し》九袋《やぶくろ》といへる里にたどりつきて、宿り求めぬ。よすがらごとごとものの響く音しければ、あやしくて立ち出で見るに、古寺の広庭に、老いたる男《をのこ》の麦を舂《うすづ》くにてありけり。予《よ》もそこら*徘徊《はいくわい》しけるに、月*孤峰《こほう》の影を倒し、風*千竿《せんかん》の竹を吹いて、*朗夜《らうや》のけしき言ふばかりなし。この男、昼の暑さを<u>いとひて</u>(A)、<u>かく</u>(①)いとなむなめりと、<u>やがて</u>(B)立ち寄りて、名は何といふぞと問へば、宇兵衛《うへゑ》と答ふ。

涼しさに　麦を月夜《つきよ》の　卯兵衛《うへゑ》かな　　蕪村

＊九十九袋…今の秋田県の八郎潟《はちろうがた》町夜叉袋《やしゃぶくろ》。　＊徘徊…ぶらぶら歩き。　＊孤峰の影を倒し…孤立した山の峰の影を逆様に地面に映し。　＊千竿の竹…竹林。　＊朗夜…月の明るく照っている夜。

本文の展開

空欄にあてはまる語句を本文中から抜き出せ。［1点×4］

序　出羽から陸奥へ向かう折、①□という里で宿をとった。

破　一晩中ごとごと物音がするので出てみると、年老いた男が②□をついていた。ぶらぶら歩いてみると、朗夜の景色はすばらしい。男のもとに立ち寄って③□を問うと、宇兵衛と答えた。

急　月夜に麦をつく宇兵衛を④□に見立てて、一句よんだ。

重要古語

傍線部A・Bの本文中の意味を、それぞれ選べ。［2点×2］

A　ア 避け　イ 大事にし　ウ 迎え　エ 利用し　□

B　ア まもなく　イ そのまま　ウ そのうち　エ あとで　□

知・技　/11
思・判・表　/39
合計　/50
目標解答時間　20分

問一 表現 本文中に、視覚と聴覚による対句を並べ、作者の感動を余韻深く表現している箇所がある。二十字以内で抜き出せ。〔6点〕

問二 文脈 傍線部①の指示する具体的内容を、四字で抜き出せ。〔5点〕

問三 表現 「涼しさに」の句は、「月の夜の涼しさに、餅ではなく麦をついている、月の兎《うさぎ》ならぬ宇兵衛さんだよ。」という意味である。季節・季語として適当なものを、それぞれ次から選べ。〔5点×2〕

季節 **ア** 春 **イ** 夏 **ウ** 秋 **エ** 冬

季語 **ア** 涼しさ **イ** 月夜 **ウ** 卯 **エ** 卯兵衛

季節　季語

問四 理由 「男」の名の「宇兵衛」を、なぜ句の中では十二支の「卯」に変えたのか。その理由として適当なものを次から選べ。〔7点〕

ア 「兎」と関連させて、男を月の世界で餅をつく兎に見立てたから。

イ 「卯」は東の方角を表し、東国の男の名にふさわしく思えたから。

ウ 夜半の「卯」の刻に男が麦をついているのをもじったから。

エ 「宇」は思い違いで、「卯」が正しい名とわかったから。

問五 内容 この文章の内容として正しいものを次から選べ。〔7点〕

ア 作者はごとごとという物音を聞き、興に入っている。

イ 作者はごとごとという物音に気づき、意外な夜景に感動している。

ウ 作者は夜に働く陸奥《むつ》の男の生き方に深く共感している。

エ 作者は眠れぬ夜をともに過ごす男の発見に喜んでいる。

文法の整理 助動詞―ず

活用

基本形	未然形	連用形	終止形	連体形	已然形	命令形	活用の型
ず	ず ざら	ず ざり	ず	ぬ ざる	ね ざれ	ざれ	特殊型

接続 活用語の**未然形**に接続。

意味 **(1)打消**（…ナイ）

奈良時代には、未然形に「な」、連用形に「に」があったが、平安時代以降は「なくに」の形で、未然形「な」のみが和歌に用いられた。

問題演習

1 傍線部の打消の助動詞の活用形を答えよ。〔1点×7〕

(1) 人の心素直ならね①ば、偽りなきにしもあらず②。（徒然草）

人の心は素直でないから、偽りがないわけではない。

(2) 照りもせず③曇りも果てぬ④春の夜の朧月夜《おぼろづきよ》にしくものぞなき（新古今集）

照るでもなく、曇りきるでもない春の夜の朧月に及ぶものはないことだ。

(3) 鳥にあらざれ⑤ば、その心を知らず⑥。（方丈記）

鳥ではないので、鳥の心はわからない。

(4) 夢と知りせばさめざら⑦ましを（古今集）

夢だとわかっていたら、さめなかったのになあ。

① ② ③ ④ ⑤ ⑥ ⑦

24 しみのすみか物語

文法 助動詞―じ・まじ
▶「む」「べし」「じ」「まじ」の関係

田舎まわりの絹売りの商人が、ある家に宿を借りたところから始まるこの話は、もの忘れにきくという茗荷《みょうが》の効用が期待とは別の形で現れたところに話の落ちがあり、笑いがある。

(商人《あきびと》)「宿借りなん。」と言へば、承《う》け引《ひ》きて、開けて入れけり。主《あるじ》の妻は、①おそろしき心持ちたる者にて、この旅人の包みの重りかなるを見て、いかでこの包み忘れて行けかし、わがものにしてんと思ひて、②主にささやき言へば、「茗荷*を食ひたる人は、心ほけてもの忘れするものなり。」と言ふを聞きて、合*はせの実の、みな茗荷を入れて食はせつ。さて商人は、明《あ》け暗《ぐ》れの空に起き出でて、③立ちて行きぬ。妻は旅人の忘れたるもの見んと、寝たる所に入りて見れば、Aつやつやもの一つなし。「食はせつる茗荷はBしるしなかりけり。」と言へば、主、「いな、茗荷こそしるしありけれ。④いみじきもの忘れて行きぬ。」と言ふ。妻、「何をか忘れたる。」と問へば、「我に与ふべき借り手の銭、忘れていにけり。」と言へば、妻、「げにげに。」と言ひて、いよいよ腹立ちけり。⑤人を謀《はか》りて、もの取らんとして、かへりておのれ損をしたりける。腹黒なる心は使ふまじきものにぞありける。

*茗荷…ショウガ科の多年草。開花直前の花を食用にする。食べるともの忘れをするという言い伝えがある。
*合はせの実…汁や野菜料理のおかずに入れる具。

本文の展開

空欄にあてはまる語句を本文中から抜き出せ。［1点×4］

第一段 笑い話

▼発端 (商人が)ある家に宿を借りた。
▼展開 主人の妻は、商人の包みを忘れて行かせようと①□を食べさせた。
▼結末 翌朝、商人は②□を忘れずに持って行き、③□を払うのを忘れて行ってしまった。

第二段 作者の意見

▼添加 人をだますとかえって損をするので、④□心を使ってはならない。

重要古語

傍線部A・Bの本文中の意味を、それぞれ選べ。［2点×2］

A
ア 全く
イ いつのまにか
ウ ほとんど
エ すでに

B
ア 前ぶれ
イ ものを言うこと
ウ 目じるし
エ ききめ

知・技 /12
思・判・表 /38
合計 /50
目標解答時間 25分

問一 内容 傍線部①とほぼ同じ意味の語を五字以内で抜き出せ。 [5点]

問二 文脈 傍線部②について、妻が思ったことはどこから始まるか。初めの五文字で答えよ。 [5点]

問三 内容 傍線部③に「立ちて行きぬ」とあるが、商人が旅立ったのはいつごろか。適当なものを次から選べ。 [5点]

ア 主人やその妻がまだ夢うつつの暗いころ。
イ 主人やその妻も起きていた夜明け早々。
ウ 主人やその妻が仕事を始める、日が昇ったころ。
エ 主人やその妻がしびれをきらした日暮れのころ。

問四 内容 傍線部④に「たいへんなものを忘れて行った」とあるが、商人は何を忘れて行ったのか。適当なものを次から選べ。 [6点]

ア 貸した金　**イ** 商売の元手《もとで》
ウ 借りた金　**エ** 宿泊の代金

問五 内容 傍線部⑤について、妻は具体的にどのようなことをしたのか。本文中から二十字以内で抜き出し、初めと終わりの五字で答えよ(句読点を含む)。 [6点]

〜

問六 主題 この話の表題として適当なものを次から選べ。 [7点]

ア 他家に泊まってものを取られた人のこと
イ 茗荷を食べてわが妻を忘れた男のこと
ウ 人を泊めてものを取ろうとした女のこと
エ 悪事をはたらいて改心した夫婦のこと

文法の整理　助動詞―じ・まじ

◆じ

活用

基本形	未然形	連用形	終止形	連体形	已然形	命令形	活用の型
じ	○	○	じ	(じ)	(じ)	○	特殊型

接続　活用語の**未然形**に接続。

意味　(1) **打消推量** (…ナイダロウ・…マイ)
(2) **打消意志** (…マイ・…ナイツモリダ)

◆まじ

活用

基本形	未然形	連用形	終止形	連体形	已然形	命令形	活用の型
まじ	まじく (まじから)	まじく まじかり	まじ	まじき まじかる	まじけれ	○	形容詞型

接続　活用語の**終止形**に接続。(ラ変型には**連体形**に接続。)

意味　(1) **打消推量** (…ナイダロウ・…マイ)
(2) **打消意志** (…マイ・…ナイツモリダ)
(3) **禁止・不適当** (…テハナラナイ)
(4) **打消当然** (…ベキデハナイ・…ハズガナイ)
(5) **不可能推量** (…デキソウニナイ)

■問題演習■

1 傍線部の助動詞の意味・活用形を答えよ。 [4点×2]

(1) (盗賊は)いまだ遠くはよも行かじ。(十訓抄)
(盗賊は)まだ遠くにはまさか行っていないだろう。

・

(2) 腹黒なる心は使ふまじきものにぞありける。(11行)

・

奈良時代	平安時代	鎌倉時代	室町時代（太平記）	江戸時代
700	800 900 1000 1100	1200 1300	1400 1500 1600	1700 1800 1900

25 太平記《たいへいき》

文法 助動詞―なり・たり

川に落とした銭十文を五十文使って探させた逸話は、鎌倉武士の青砥左衛門藤綱《あおとさえもんふじつな》の話として伝えられているが、『吾妻鏡《あづまかがみ》』をはじめ鎌倉幕府関係の記録にはその名が見えない、伝説的人物である。

あるとき、この青砥左衛門、夜に入りて出仕しけるに、いつも*燧袋《ひうちぶくろ》に入れて持ちたる銭《ぜに》を十文《もん》取りはづして、*滑川《なめりがは》へぞ落とし入れたりけるを、*少事《せうじ》のものなれば、「*よし、さてもあれかし。」とてこそ行き過ぐべかりしが、もつてのほかにあわてて、そのあたりの町屋へ人を走らかし、銭五十文をもつて続松《たいまつ》を十把《じつぱ》買ひて下《くだ》り、これを燃《とぼ》して、つひに十文の銭をぞ求め得たりける。後日に①これを聞きて、「十文の銭を求めんとて、五十にて続松を買ひて燃したるは、小利大損かな。」と笑ひければ、青砥左衛門②眉《まゆ》をひそめて、「さればこそ御辺《ごへん》たちは愚かにて、世のA費《つひ》えをも知らず、民を恵む心なき人なれ。銭十文は、ただ今求めずは、滑川の底に沈みて③永く失せぬべし。それがしが続松を買はせつる五十の銭は、商人の家にとどまつて永く失すべからず。わが損は商人の利なり。④彼と我と何の差別《しやべつ》かある。かれこれ［ A ］の銭を、一つをも失はず、あに天下の利にあらずや。」と、B爪弾《つまはじ》きをして申しければ、難じて笑ひつる傍《かたへ》の人々、⑤舌を振りてぞ感じける。

*燧袋…火打ち石などを入れて携帯する袋。　*滑川…鎌倉市を流れる川。　*少事のもの…わずかな金額。　*よし、さてもあれかし…まあ、そのままにしておけ。

本文の展開

空欄にあてはまる語句を本文中から抜き出せ。［1点×4］

発端 青砥左衛門が、あるとき銭十文を川に落とし、［①　］文で松明《たいまつ》を買わせて探し出させた。

展開 後日、同僚が聞いて、［②　］だと言って嘲笑した。

結末 青砥左衛門が、落としたままだと十文は永久に失われるが、五十文かけて探し出せば、合わせて［③　］文はこの世から失われず、［④　］だと言うと、同僚は感心した。

重要古語

傍線部A・Bの本文中の意味を、それぞれ選べ。［2点×2］

A
ア 損得
イ 経費
ウ 価値
エ 損失
［　］

B
ア 驚きのしぐさ
イ 得意のしぐさ
ウ 非難のしぐさ
エ 自信のしぐさ
［　］

知・技 /14
思・判・表 /36
合計 /50
目標解答時間 25分

問一 文脈 傍線部①は、誰が聞いたのか。その主語を、本文中から抜き出せ。［3点］

問二 表現 傍線部②・⑤に意味が近いものを、それぞれ次から選べ。［4点×2］

② ア 眉を上げて　イ 眉を寄せて　ウ 眉を開いて　エ 眉を焦がして

⑤ ア 舌を出して　イ 舌をすべらして　ウ 舌を巻いて　エ 舌を打って

問三 口語訳 傍線部③を口語訳せよ。［4点］

問四 内容 傍線部④は「商人の銭と自分の銭という区別があるものではない」という意味だが、その内容として適当なものを次から選べ。［6点］

ア 自分が五十文損して商人が五十文もうけるのは銭の移動にすぎない。

イ 自分が五十文得して商人が五十文損するのは銭の勘定に合う。

ウ 商人が五十文もうけて自分が十文損すればすむことだ。

エ 商人が五十文損して自分が十文もうけるならばよい。

問五 文脈 空欄Aに入る適当な漢数字を答えよ。［5点］

問六 主題 この話からうかがうことのできる青砥左衛門の経済についての考えとして適当なものを次から選べ。［6点］

ア 民への恵みを第一に営利を追求する。

イ 自由な活動の中で、経済主義に立って考える。

ウ 常に合理的に損得第一に考える。

エ 大局的に社会の利益を考える。

文法の整理　助動詞―なり・たり

活用

基本形	未然形	連用形	終止形	連体形	已然形	命令形	活用の型
なり	なら	なり に	なり	なる	なれ	(なれ)	形容動詞型
たり	たら	たり と	たり	たる	たれ	(たれ)	形容動詞型

接続 なり―体言・活用語の**連体形**に接続。（一部の助詞や副詞にも接続。）
たり―**体言**に接続。

意味 (1) **断定**（…ダ・…デアル）
(2) **存在**（…ニアル）→「なり」のみ。

「なり」の連用形「に」は、「に」(＋係助詞)＋補助動詞(あり・候ふ……)の形で用いられることが多い。

問題演習

1 傍線部の助動詞の意味・活用形を答えよ。［2点×5］

(1) おのが身は、この国の人に①もあらず。月の都の人なり②。（竹取物語）

私の身は、この国の人ではありません。月の都の人です。

(2) 下と③して上に逆《さか》ふること、あに人臣の礼たら④んや。（平家物語）

臣下であって主上に逆らうことは、どうして人臣の礼であろうか、いや、礼ではない。

(3) 天《あま》の原《はら》ふりさけ見れば春日《かすが》なる⑤三笠《みかさ》の山に出でし月かも（古今集）

大空を振り仰いで見ると、（今昇ったあの月は、私が日本で見た）春日にある三笠の山に昇った月（と驚くほど似ていること）だよ。

① ・　② ・　③ ・　④ ・　⑤ ・

たまきはる

文法 助動詞―る・らる

〈見分け方〉「る」「らる」

知・技 /12

思・判・表 /38

合計 /50

目標解答時間 25分

奈良時代 | 平安時代 | 鎌倉時代 | 室町時代 | 江戸時代 (700 800 900 1000 1100 1200 1300 1400 1500 1600 1700 1800 1900) ―たまきはる

一一七四年（承安四）、十四歳の高倉天皇が、御父・後白河《ごしらかわ》法皇と御母・建春門院とが住まう御所・法住寺殿《ほうじゅうじどの》に二泊滞在した。次の文章は、高倉天皇が宮中に帰る日の事件である。

*還御《くわんぎよ》の日、①*内侍《ないし》の、里にある、迎への車を、蔵人《くらうど》が忘れて、つかはさぬとて、②二《ふた》所《ところ》、こともよろしからぬ御けしきにて、「③*みふだけづれ。」など仰せらるる御声聞こゆ。蔵人、身をだに*えはたらかさで、西の*縁《えん》に候《さぶら》ひしこそ、いとほしかりしに、*内《うち》の御方《かた》の仰せごとに、いまだ*院宣を返し参らせたることはおぼえねども、このたびの行幸、いま一日延べ参らせたるは、Aよろこび言はんずるぞと言へと仰せごとありしこそ、何《なに》となく、候ふ人の心地《ここち》も、うれしく、めでたかりしか。院も、限りなくBうつくしとおぼしめしたる御けしきあらはれて、また御声も聞こえざりしは。④まして身の上にて承りけん蔵人、⑤いかにおぼえけん。

*還御…天皇・上皇・后が外出先からお帰りになること。 *内侍…ここは勾当内侍《こうとうのないし》で、天皇への奏請や勅宣の仲介をする女官。 *みふだ…清涼殿殿上《てんじょう》の間《ま》にある、昇殿を許された人（四位・五位の人と六位の蔵人）の名を記した札。 *えはたらかさで…動かすことができなくて。 *縁…家屋の外側の細長い板敷きの部分。 *内の御方…高倉天皇。 *院宣を返し参らせたることはおぼえねども…法皇のご命令に背き申し上げたことは記憶にないが。

本文の展開

空欄にあてはまる語句を本文中から抜き出せ。［1点×4］

発端 高倉天皇の還御の日、蔵人が内侍を迎える車を忘れたため、①□と法皇の声が飛んだ。

展開 蔵人は西の縁に控えて恐縮していたが、帝が②□を一日延ばしたことは③□を言うぞととりなしたので、候う人の心もうれしく、帝の配慮は実にすばらしく思えた。

結末 帝の言葉を法皇は④□と感心し、わが身のこととして承った蔵人の感激はこの上もない。

重要古語

傍線部A・Bの本文中の意味を、それぞれ選べ。［2点×2］

A
ア 祝い事
イ 官位が昇進すること
ウ 礼
エ うれしく思うこと
□

B
ア きれいだ
イ 角が立たない
ウ 立派だ
エ あどけない
□

問一 内容 傍線部①の解釈として適当なものを次から選べ。〔6点〕

ア 里にあるお迎え用の内侍の車を蔵人が忘れて取りにやらないということで

イ 内侍の里にある迎えの車を蔵人が忘れて使わないということで

ウ 里にいる内侍への迎えの車を蔵人が忘れて回してやらないということで

エ 里にあるお迎え用の車を蔵人が忘れて回してよこさないと内侍が申し上げたので

問二 文脈 傍線部②は、誰と誰をさすか。その組み合わせとして適当なものを次から選べ。〔6点〕

ア 後白河法皇と建春門院　イ 高倉天皇と後白河法皇

ウ 高倉天皇と建春門院　エ 建春門院と内侍

問三 内容 傍線部③は、何を意味しているか。八字以内で答えよ(句読点不要)。〔6点〕

問四 文脈 傍線部④について、誰に比べて「まして」と言っているのか。本文中から抜き出せ。〔5点〕

問五 内容 傍線部⑤のあとに補う言葉として適当なものを次から選べ。〔5点〕

ア うれしく　イ くちをしく

ウ よしなく　エ ありがたく

問六 主題 本文中には、高倉天皇の会話の記号(かぎかっこ)が省略されている。その会話の中から天皇の思いやり深い心が最もよく表れている箇所を三十～三十五字で抜き出し、初めと終わりの四字で答えよ。〔6点〕

～

文法の整理　助動詞―る・らる

活用

基本形	未然形	連用形	終止形	連体形	已然形	命令形	活用の型
る	れ	れ	る	るる	るれ	れよ※	下二段型
らる	られ	られ	らる	らるる	らるれ	られよ※	

(※自発・可能には命令形がない。)

接続

る――四段・ナ変・ラ変動詞の**未然形**に接続。

らる―右以外の動詞の**未然形**に接続。

意味

(1)**自発**　(自然ニ…レル・自然ニ…ラレル)

(2)**可能**　(…コトガデキル・…レル・…ラレル)

(3)**受身**　(…レル・…ラレル)

(4)**尊敬**　(オ…ニナル・…レル・…ラレル)

問題演習

1 傍線部の助動詞の意味・活用形を答えよ。〔2点×4〕

(1)女を具せられ①たりけりなんど言はれ②んことも、(平家物語)

(木曽殿が)女をお連れになったなどと(世間で)言われるということも、

(2)冬はいかなる所にも住まる③。(徒然草)

冬はどんな所にでも住むことができる。

(3)さやうの所にてこそ、よろづに心づかひせらるれ④。(8ページ・4行)

そういう旅先の所では、何かにつけて自然と気をつかうものだ。

① ・　② ・　③ ・　④ ・

27 身の鏡

文法 助動詞―す・さす・しむ

〈見分け方〉「す」「さす」「しむ」

知・技	/12
思・判・表	/38
合計	/50

目標解答時間 25分

『身の鏡』の書かれた江戸時代では、子が親を思う心である「孝」が道徳の基本として扱われ、親への孝行を説く教訓書が多く書かれた。作者が考える孝行とはどのようなものかを読み取ろう。

皆人《みなひと》親に孝行をするとて、身貧しうしても酒を調《ととの》へ肴《さかな》を求めてこれを与へ、孝行面《づら》をするかと思へば、またある時はたてをつき、*気に逆《さか》うて親の腹を立つる。これ、孝に似て孝にあらず。①口中を養ふばかりを孝行と心得ること、あさましきことなり。誠の孝行といふは食物ばかりのことにあらず。何事にても親の命《めい》を背《そむ》かず、たとひ*不義なることを言ふとも、いかにも言葉を柔らかにわけを言ひて諫《いさ》むべし。不義なるとて大声をあげ、②目に角を立て怒り回ること、親に不孝の第一、また*脇よりも見苦しく、怒りてものを言ひたるとて理屈のよく聞こゆる[A]ものにてもなし。腹を立てものを言ふ時は、言ひ過ごし多くして後悔することのみなり。また面々の身にも覚えあらん、我に人の諫めを言ふに、柔らかに詞《ことば》を言へば心よく合点し、③よきことにてもあらけなく[B]人の言ふ時は、わがわろきことはさて置き、腹立つるものなり。□ A □と*世話《せわ》に言ひ伝へたること、尤《もつとも》の理《ことわり》なり。親を持つほどの人、*仮初《かりそめ》にもあらけなく言ひて、親の腹を立つることあるべからず。これをさして孝行といはんか。

*気に逆うて…（親の）気持ちに逆らって。
*不義なること…道理に合わないこと。
*脇よりも見苦しく…はた目にも見苦しく。
*世話…ことわざ。
*仮初にも…少しでも。

本文の展開

空欄にあてはまる語句を本文中から抜き出せ。［1点×4］

序論 親に酒や①□を与えるなど、飲食物をもって養うことだけが孝行ではない。

本論 誠の孝行とは、親の②□に背かず、親が③□ことを言っても、言葉を穏やかにして諫めるのがよい。

結論 親を持つ人は、少しでも④□言って、親を怒らせてはならない。これが本当の孝行だよ。

重要古語

傍線部A・Bの本文中の意味を、それぞれ選べ。［2点×2］

A
ア 聞こえる
イ 理解される
ウ 広く伝わる
エ 思われる
□

B
ア 乱暴に
イ 力強く
ウ やさしく
エ 不親切に
□

問一 内容 傍線部①に「口中を養ふ」とあるが、どのようにすることか。十五字以内で抜き出せ（句読点不要）。 [4点]

問二 口語訳 傍線部②の解釈として適当なものを次から選べ。 [4点]

ア 目につくことを取り上げて　**イ** 怒った目つきで鋭く見て
ウ 目立つように注意を向けさせて
エ 目で不愉快な意思を表して

問三 内容 傍線部③は、どういうことか。五字で答えよ。 [5点]

問四 内容 空欄Aに入る言葉として適当なものを次から選べ。 [5点]

ア 身をつみて人の痛さを知れ　**イ** 目には目、歯には歯
ウ 身を捨ててこそ浮かぶ瀬もあれ　**エ** 身から出た錆《さび》

問五 主題 作者は、真の孝行とはどういうことだと言っているか。その要点を二つ、それぞれ十五字以内で答えよ。 [5点×2]

問六 内容 この文章の内容と合致するものを次から選べ。 [6点]

ア どんな口調でも正しい忠告であれば納得がいくものだ。
イ 親が悪いのに、他人から親不孝者と批判されるのは腹が立つものだ。
ウ 口のこえた親に酒肴《しゅこう》を供することが、孝行とはいえない。
エ 腹を立てて言葉を言うときは、言い過ぎることが多い。

文法の整理　助動詞―す・さす・しむ

活用

基本形	未然形	連用形	終止形	連体形	已然形	命令形	活用の型
す	せ	せ	す	する	すれ	せよ	下二段型
さす	させ	させ	さす	さする	さすれ	させよ	
しむ	しめ	しめ	しむ	しむる	しむれ	しめよ	

接続
す――四段・ナ変・ラ変動詞の**未然形**に接続。
さす―右以外の動詞の**未然形**に接続。
しむ―用言の**未然形**に接続。

意味
(1) **使役**　（…セル・…サセル）
(2) **尊敬**　（オ…ニナル・…レル・…ラレル）

問題演習

1 傍線部の助動詞の意味・活用形を答えよ。 [2点×4]

(1) 四、五人候はせ①給ひて、御物語せさせ②給ふなりけり。（源氏物語）
（帝は）四、五人に伺候させなさって、何かとお話しなさるのであった。

(2) 心を傷《いた》ましむる③は、人を害《そこな》ふこと、なほはなはだし。（徒然草）
心を痛めさせることが、人を傷つけることは、いっそうひどい。

(3) 比丘《びく》を堀に蹴入れさする④、未曽有《みぞう》の悪行《あくぎやう》なり。（32ページ・5行）
比丘（たるこの私）を堀の中へ蹴落とさせるとは、前代未聞の悪行である。

① ・　② ・　③ ・　④ ・

奈良時代 | 平安時代 | 鎌倉時代 | 室町時代 | 江戸時代（おらが春）
700 800 900 1000 1100 1200 1300 1400 1500 1600 1700 1800 1900

28 おらが春

文法 助動詞―まほし・たし・ごとし

一茶の門人で友人の魚淵《なぶち》の家に、天下に類のない牡丹《ぼたん》の花が咲いたというので、他国からもわざわざ見に来る者が大勢いた。一茶も立ち寄って見て、その感想を句を交えてつづっている。

わが友魚淵*といふ人の所に、天《あめ》が下《した》にたぐひなき牡丹咲きたりとて、言ひ継ぎ聞き伝へて、界隈《かいわい》はAさらなり、よそ国の人も足を労して、わざわざ見に来る者、日々多かりき。おのれも今日通りがけに立ち寄り侍りけるに、五間《ごけん》*ばかりに花園をしつらひ、雨覆《あまおほ》ひの蔀《しとみ》*など今様《いまやう》めかしてりりしく、白・紅《くれなゐ》・紫、花のさま隙間もなく開きそろひたり。その中に、黒と黄なるは、①言ひしに違はず、目を驚かすほどめづらしく妙《たへ》なるが、心をしづめて、ふたたび花のありさまを思ふに、ばさばさとして何となくみすぼらしく、ほかの花にたくらぶれ*ば、②今を盛りのたをや女《め》のそばに、③むなしき屍《かばね》をよそほひ立て並べ置きたるやうにて、Bさらさら色つやなし。これ、主人《あるじ》のわざくれ*に、紙もて作りて、葉隠れにくくりつけて、人を化かすにぞありける。されど、④腰かけ台の価《あたひ》をむさぼるためにもあらで、ただ日々の群集《ぐんじゅ》に、酒茶つひやして楽しむ⑤主《あるじ》の心思ひやられて、しきりにをかしくなん。

紙くづもぼたん顔ぞよ葉隠れに

*魚淵…一茶の門人の佐藤魚淵。　*間…一間は約一・八メートル。　*蔀…格子《こうし》の片側に板を張った建具。　*たくらぶれば…比べると。　*わざくれ…いたずら。

知・技	/10
思・判・表	/40
合計	/50
目標解答時間	25分

本文の展開

空欄にあてはまる語句を本文中から抜き出せ。[1点×4]

発端 友人の魚淵の家に珍しい[①　　]が咲いているというので、はるばる他国の人まで大勢見に訪れた。

展開 一茶も立ち寄ったところ、色鮮やかな牡丹の中に、黒と黄の花が咲いていたが、よく見ると、[②　　]に美しく化粧したようで、全く[③　　]もない。

結末 これは魚淵のいたずらで、見物客に毎日[④　　]をふるまう酔狂だと推察されておもしろく、一句よんだ。

重要古語

傍線部A・Bの本文中の意味を、それぞれ選べ。[2点×2]

A
ア 全くない
イ 言うまでもない
ウ いっそうである
エ さほどでない
[　　]

B
ア さらに加えて
イ さほどは
ウ 全く
エ 何となく
[　　]

問一 文脈 傍線部①の受けている箇所を、十五字以内で抜き出せ。［6点］

問二 内容 傍線部②は「今を盛りの生き生きした魅力のある女性」の意味だが、どのような牡丹の花をたとえたものか。十五字以内で説明せよ。［6点］

問三 内容 傍線部③は「魂のない死体を美しく飾り整えて」の意味だが、何を「魂のない死体」にたとえたのか。五字で抜き出せ。［6点］

問四 内容 傍線部④はどうすることか。適当なものを次から選べ。［5点］

ア 何度も何度も主人に掛け合って牡丹を求めること。
イ 牡丹を見に来る人から見物料を取って金もうけをすること。
ウ 珍しい牡丹を座り込んで飽きずに眺め続けること。
エ ゆっくりと牡丹を眺めてその価値を値踏みすること。

問五 内容 傍線部⑤は、どのような心か。適当なものを次から選べ。［6点］

ア 集まる客に酒代や茶代を使わせて、もうけを楽しむ心。
イ 集まる客に酒や茶をふるまって楽しむ心。
ウ 集まる客が酒や茶を届けてくれることを楽しむ心。
エ 集まる客が花よりも酒や茶を楽しむ心。

問六 主題 一茶の考えと合致するものを、次から選べ。［7点］

ア 魚淵の心を酔狂だとし、紙の牡丹にいとしさを感じている。
イ 人を惑わす魚淵を許しがたいとし、偽物は所詮《しょせん》本物に劣ると見ている。
ウ 偽物の牡丹に心奪われる愚かな人々を滑稽に思っている。
エ 遊び心からのいたずらも度が過ぎると非難されかねない。

文法の整理 助動詞―まほし・たし・ごとし

◆まほし・たし

活用

基本形	未然形	連用形	終止形	連体形	已然形	命令形	活用の型
まほし	まほしく まほしから	まほしく まほしかり	まほし	まほしき まほしかる	まほしけれ	○	形容詞型
たし	たく たから	たく たかり	たし	たき	たけれ	○	形容詞型

接続 まほし―動詞・助動詞「す」「さす」「ぬ」の**未然形**に接続。
たし――動詞・助動詞「る」「らる」「す」「さす」の**連用形**に接続。

意味 (1)**願望**（…タイ・…テホシイ）

◆ごとし

活用

基本形	未然形	連用形	終止形	連体形	已然形	命令形	活用の型
ごとし	ごとく	ごとく	ごとし	ごとき	○	○	形容詞型

接続 体言・活用語の**連体形**・格助詞「が」「の」に接続。

意味 (1)**比況**（…ト同ジダ・…ニ似テイル・…ヨウダ）
(2)**例示**（タトエバ…ノヨウダ）

問題演習

1 傍線部の助動詞の意味・活用形を答えよ。［3点×2］

(1) 愛敬《あいぎやう》ありて言葉多からぬこそ、飽かず向かはまほしけれ。（徒然草）
あたたかみがあって言葉が多くない人こそ、いつまでも対座していたい。

(2) つひに本意《ほい》のごとくあひにけり。（伊勢物語）
とうとうかねてからの望みどおり結婚した。

1　奥《おく》の細道《ほそみち》 × 拾遺《しふゐ》和歌集・後拾遺《ごしふゐ》和歌集・千載《せんざい》和歌集

奥州（現代の東北地方）の玄関口である白河の関は、古来歌によまれてきた名所であった。次の【文章Ⅰ】は、一六八九年（元禄《げんろく》二）に松尾芭蕉《まつおばしょう》と門人の曽良《そら》が白河の関にたどり着いた際に記したものであり、【文章Ⅱ】は、白河の関を題材にしてよまれた古歌である。【文章Ⅰ】には【文章Ⅱ】の古歌をふまえた表現がある。

知・技	/12
思・判・表	/38
合計	/50

目標解答時間　25分

【文章Ⅰ】

a心もとなき日数《ひかず》重なるままに、＊白河の関にかかりて旅心《たびごころ》定まりぬ。Aいかで都へとたより求めしもbことわりなり。中にもこの関は＊三関《さんくわん》の一《いつ》にして、①風騒《ふうさう》の人、心をとどむ。B秋風を耳に残し、C紅葉《もみぢ》を俤《おもかげ》にして、青葉の梢《こずゑ》なほあはれなり。D卯《う》の花の白妙《しろたへ》に、茨《いばら》の花の咲きそひて、雪にも越ゆる心地ぞする。古人②冠《かんむり》を正し、衣装を改めしことなど、＊清輔《きよすけ》の筆にもとどめおかれしとぞ。

③卯の花をかざしに関の晴着《はれぎ》かな　曽良

＊白河の関…今の福島県白河市にあった古代の関所。
＊三関…奥州三関のこと。白河の関・念珠《ねず》が関・勿来《なこそ》の関の三関所をいう。
＊清輔の筆…藤原清輔の書いた歌論書『袋草紙』のこと。藤原清輔は平安後期の歌人。
＊陸奥国…今の青森県、岩手県、宮城県、福島県と秋田県の一部。
＊鳥羽殿…白河上皇が造営した離宮。今の京都市伏見区にあった。
＊嘉応二年法住寺殿の殿上歌合…一一七〇年（嘉応二）に建春門院が催した歌合。法住寺殿は後白河上皇の御所で、今の京都市東山区にあった。

【文章Ⅱ】

拾遺和歌集

＊陸奥国《みちのくに》の白河の関越え侍りけるに　平兼盛《たひらのかねもり》

(1)たよりあらばいかで都へ告げやらむ今日白河の関は越えぬと

後拾遺和歌集

陸奥国にまかり下《くだ》りけるに、白河の関にてよみ侍りける　能因法師《のういんほふし》

(2)都をば霞《かすみ》とともにたちしかど秋風ぞ吹く白河の関

千載和歌集

白河院、＊鳥羽殿《とば》におはしましけるとき、男《をのこ》ども歌合《うたあはせ》し侍りけるに、卯の花をよめる　藤原季通《ふぢはらのすゑみち》

(3)見で過ぐる人しなければ卯の花の咲ける垣根や白河の関

＊嘉応《かおう》二年法住寺殿の殿上《てんじやう》歌合に、関路の落葉《らくえふ》といへる心をよみ侍りける。　源頼政《みなもとのよりまさ》

(4)都にはまだ青葉にて見しかども紅葉散り敷く白河の関

問一 語句　二重傍線部a・bの本文中の意味を、それぞれ選べ。［3点×2］

a 心もとなき　**ア** 不十分だ　**イ** 落ち着かない　**ウ** はかない　**エ** はっきりしない

b ことわりなり　**ア** 一時的だ　**イ** 切実だ　**ウ** 優美だ　**エ** もっともだ

問二 表現　傍線部①は、風雅に打ち込む人々が詩歌を残したことを意味する。「とどむ」と表現したのは、どの言葉の縁語によるものか。本文中から一字で抜き出せ。［3点］

問三 知識　傍線部②には漢詩文の影響が見られる。このようなリズミカルな表現を何と言うか。漢字二字で答えよ。［3点］

表現

問四 内容　次の中から芭蕉が白河の関で実際に接したものを三つ選べ。［2点×3］

ア 秋風　**イ** 紅葉

ウ 青葉　**エ** 卯の花

オ 茨の花　**カ** 雪

問五 表現　曽良の句から、季語を抜き出して季節を答えよ。またこの句から感じられる印象として適当なものを次から選べ。［2点×3］

ア 可憐　**イ** 清澄　**ウ** 華麗　**エ** 風流

季語　季節　印象

問六 内容　傍線部③について、なぜ卯の花を頭にかざしたのか。適当なものを次から選べ。［3点］

ア 見事に咲いた卯の花で、遊び興じてみたかったから。

イ 白河の関で昔の人が衣服を改めたのをまねたから。

ウ 卯の花を髪に挿した昔の人をまねたから。

エ 名句を残すきっかけがほしかったから。

問七 主題　【文章Ⅰ】において、芭蕉が多くの古歌や故事をふまえたのは、「古人の［　］につながる」という意識によるものと思われる。空欄にあてはまる適当な言葉を次から選べ。［4点］

ア 伝統　**イ** 権威

ウ 生活　**エ** 自然

問八 内容　【文章Ⅱ】(1)〜(4)で表現されているものを、次の中からそれぞれ選べ。なお、同じ記号は一度しか選べない。［2点×4］

ア 白河の関のように人を止める景色の美しさ。

イ 色彩の対比で描く都と白河の関の距離感。

ウ 都から白河の関までの道のりの遠さ。

エ 白河の関を越えることができた感激。

(1)　(2)　(3)　(4)

問九 知識　【文章Ⅱ】からもわかるように、白河の関を題材にした歌は多い。このように、古来多くの歌によまれた名所のことを何というか。漢字二字で答えよ。［3点］

問十 表現　【文章Ⅰ】の傍線部A〜Dは、いずれも【文章Ⅱ】の古歌をふまえた表現である。【文章Ⅱ】のどの古歌をふまえた表現か、【文章Ⅱ】の(1)〜(4)の番号でそれぞれ答えよ。［2点×4］

A　B　C　D

2 古事談《こじだん》 × 中外抄《ちゅうがいせう》

平安時代後期に活躍し、時の権力者であった藤原道長に重用された定朝《じょうちょう》という仏師（仏像を作る職人）がいた。【文章Ⅰ】は、定朝が舞楽で使用する陵王の面の制作を依頼されたときの話である。【文章Ⅱ】は、定朝が若かりしころ、藤原道長が阿弥陀《あみだ》像を造立したときの話である。

【文章Ⅰ】

仏師定朝の、弟子*覚助《かくじよ》をば*義絶《ぎぜつ》して、家の中へも入れざりけり。しかれども、母に謁《えつ》せんがために、定朝*他行《たぎやう》のひまなどには、密々に来たりけり。定朝、左近府《さこんのふ》に①陵王の面《おもて》打ち奉るべきよし、仰せ下さるるによりて、至心に打ち出だして、愛して*褻居《けゐ》の前なる柱に掛けて置きたりけるを、父、他行のひまに覚助来たりけるに、この面を取り下ろして見て、②「あな心憂《こころう》。この定《ちやう》にて③奉られたらましかば、あさましからまし。」とて、腰刀《こしがたな》を抜きて、④むずむずと削り直して、もとのごとく柱に掛けて、退《しりぞ》き帰り了《をは》んぬ。定朝帰り来たりて、この面を見ていはく、「このしれ者来たり入りたりけりな。⑤不孝《ふけう》の者、他行の間なりといへども、入り居ること、a奇怪なることなり。この陵王の面作り直してけり。ただし、bかなしく直されにけり。」とて、勘当を免《ゆる》さしむ、と云々《うんぬん》。

【文章Ⅱ】

*御堂《みだう》Aの、仏子康尚《ぶつしかうじやう》に仰せられていはく、⑥「直すべきことありや。」と。申していはく、「直すべきこと候ふ。」と。*麻柱《あななひ》を構へてのち、康尚Bのいはく、「早くまかり上れ。」と言ひければ、二十ばかりなる法師Cの、薄色の*指貫《さしぬき》、桜の*裘代《きうたい》に、*裳《も》は着して、*袈裟《けさ》は懸けざりつる、槌《つち》の柄《え》を持ちて金色の仏の面を削りけり。御堂Dの、康尚に仰せていはく、「彼はいかなる者ぞ。」と。康尚Eの申していはく、「康尚の弟子、定朝なり。」と。そののち、⑦おぼえつきて、世の*一物《いちもつ》になりたり。

＊覚助…定朝の息子であり弟子でもあったとされる。
＊義絶…親子関係を絶つこと。勘当。
＊他行…よそへ行くこと。外出。
＊褻居…主人が常にいる室。居間。
＊御堂…藤原道長をさす。
＊麻柱…高い所に登る足がかり。足場。
＊指貫・裘代・裳・袈裟…服装。
＊一物…逸物に同じ。

知・技 /12
思・判・表 /38
合計 /50
目標解答時間 25分

問一 語句 二重傍線部a・bの本文中の意味を、それぞれ選べ。【3点×2】

a奇怪なる　ア 不思議だ　イ けしからん　ウ 恐ろしい　エ あやしい

bかなしく　ア いとおしい　イ 悲しい　ウ 悔しい　エ 見事だ

問二 文脈 傍線部①のできあがりに対し、定朝は自信を持っていた。そのことがわかる一語を抜き出せ。【4点】

問三 内容 傍線部②について、覚助の考えを具体的に説明したものとして適当なものを次から一つ選べ。【4点】

ア 自分の面作りの腕を示すことで、勘当を解いてもらいたい。

イ 勘当を解いてもらって、自分も父のように面を作りたい。

ウ 面の出来が不十分だから、このまま献上するのはよくない。

エ 上手に彫れている面だが、少し手を加えるほうがよい。

問四 文法 傍線部③について、「ましかば……まし」のように、事実とは異なることを思い描く表現を何と言うか。漢字四字で答えよ。【3点】

問五 内容 傍線部④は、どのような感じを表していると思われるか。適当なものを次から選べ。【4点】

ア 恐る恐る慎重な感じ

イ ごつごつとして不器用な感じ

ウ 細やかで丁寧な感じ

エ 手早いが力強く的確な感じ

問六 理由 傍線部⑤と述べた定朝が、勘当を解く気持ちになったのは、覚助のどのようなことに深く感じ入ったからか。それぞれ十五字以内で二つ説明せよ。【6点×2】

問七 文法 傍線部A〜Eの中で意味・用法が違うものを一つ選べ。【3点】

問八 文脈 道長は完成した仏像について傍線部⑥と問うている。仏像が完成していることを示す言葉を五字以内で抜き出せ。【4点】

問九 口語訳 傍線部⑦の意味として適当なものを次から一つ選べ。【4点】

ア (道長に)評価されて、一風変わったすぐれた仏師になった。

イ (康尚から)認められ、立派な仏師として活躍するようになった。

ウ (定朝の)名前が覚えられて、世間で評判の仏師となった。

エ (道長に)気に入られて、傑出してすぐれた仏師となった。

問十 主題 【文章Ⅰ】の覚助と【文章Ⅱ】の若いころの定朝の振る舞いに共通する点は何か。それぞれ十五字以内で二つ説明せよ。【3点×2】

「読み比べ」問題に取り組む際のポイント

近年、大学入試では、一題に複数の文章を提示し、比較・関連付けを行ったうえで解答させる「読み比べ」問題の出題が増えている。

古文・漢文分野の「読み比べ」問題では、複数の文章がすべて古文もしくは漢文の場合が多いが、古文と漢文の組み合わせや、古文もしくは漢文と現代文（会話文含む）の組み合わせで出題される場合もある。

ここでは、複数の古文作品・漢文作品の「読み比べ」を行う際の着眼点をまとめた。

複数の文章を読む際の着眼点

1 関係性を捉える

提示された複数の文章が、互いにどのような関係にあるのかを捉える必要がある。「文章Aと文章Bは同じ話題を扱っている。」「文章Aは文章Bをもとに書かれた文章である。」のように、問題のリード文に文章どうしの関係性が提示されている場合があるので参考にするとよい。

「読み比べ」問題では、原作とその注釈書が出題されることがある。注釈書とは、ある作品について、後世の人が原作の内容を分析・解説したもので、注釈者の感想や評価を記している場合もある。また、異なる筆者による注釈書どうしの「読み比べ」問題が出題される場合もある。

古文作品と漢文作品との「読み比べ」問題では、中国の古典文学作品（漢文）と、その内容や筋をもとにして別の作品に書き改めた翻案作品（古文）が出題される場合がある。

翻案作品の例

『唐《から》物語』…中国の故事を翻案した平安時代の説話集
『伽婢子《おとぎぼうこ》』（浅井了以《あさいりょうい》）…中国白話小説を翻案した江戸時代の仮名草子
『雨月《うげつ》物語』（上田秋成《うえだあきなり》）…和漢の古典に取材した江戸時代の怪異小説集

2 共通点を捉える

異なる複数の文章を読み比べるとき、多くの場合、それらの間に何らかの共通点が存在する。どのような「共通の土台」を持っているかを見つけることが、「読み比べ」の第一歩である。

1の関係性を捉えることができていれば、共通点を捉えることも難しくはないだろう。たとえば、1であげた漢文作品とその翻案作品との「読み比べ」問題の場合、内容や登場人物、場面・状況はほぼ共通している。

3 相違点を捉える

複数の文章の間に「共通の土台」を見いだしたとしても、「読み比べ」問題にそれらの文章が示されているということは、それらの間に何らかの差異があると考えてよい。

たとえば、1で示した原作とその注釈書との「読み比べ」問題では、出来事や登場人物の言動に対する注釈者の感想や評価が加わることにより、新たな解釈や視点が提示される場合がある。また、1で示した漢文作品とその翻案作品との「読み比べ」問題では、漢文から古文に改められたことによる文体・表現の違いのうえに、内容にも違いが見られる。

共通点・相違点を探す際の観点

複数の文章間の共通点・相違点を捉えるには、各文章をしっかり読み取ったうえで、次の観点に注目するとよい。

作者…同じか別か
ものの見方・考え方（感想・評価）
内容…テーマ（主題）・ジャンル
登場人物…心情・会話・行動
場面・状況…場所・時間
表現…描写（会話・情景）・文体・語彙

訂正情報配信サイト
利用に際しては、一般に、通信料が発生します。

https://dg-w.jp/f/c5bac

ニューフェイズ　古文１

2024年１月10日　初版第１刷発行
2025年１月10日　初版第２刷発行

編　者　第一学習社編集部
発行者　松　本　　洋　介
発行所　株式会社　第一学習社

広　島：〒733-8521　広島市西区横川新町７番14号　☎082-234-6800
東　京：〒113-0021　東京都文京区本駒込５丁目16番７号　☎03-5834-2530
大　阪：〒564-0052　吹田市広芝町８番24号　☎06-6380-1391
札　幌：☎011-811-1848　仙　台：☎022-271-5313　新　潟：☎025-290-6077
つくば：☎029-853-1080　横　浜：☎045-953-6191　名古屋：☎052-769-1339
神　戸：☎078-937-0255　広　島：☎082-222-8565　福　岡：☎092-771-1651

ホームページ　https://www.daiichi-g.co.jp/

■■■ 技能別採点シート ■■■

※「語句」欄には「重要古語」、「文法」欄には「文法の整理」の点数も加えて書き込みましょう。

		知識・技能			思考力・判断力・表現力							
		語句	文法	知識	内容	文脈	理由	口語訳	表現	主題	本文の展開	合計
	1	/4	/10		/13	/6	/13				/4	/50
	2	/4	/10		/12		/7	/7		/6	/4	/50
	3	/4	/12		/6	/11		/6		/7	/4	/50
	4	/4	/11			/11	/13			/7	/4	/50
	5	/4	/8		/20	/6				/8	/4	/50
	6	/4	/11		/11		/5	/8		/7	/4	/50
	7	/4	/10			/11	/14	/7			/4	/50
	8	/4	/10		/21			/5		/6	/4	/50
	9	/4	/16		/12	/8			/6		/4	/50
	10	/4	/9		/5	/15	/6			/7	/4	/50
	11	/4	/10		/12			/6	/14		/4	/50
	12	/4	/12		/12	/12	/6				/4	/50
	13	/4	/12		/6	/6	/12	/6			/4	/50
	14	/4	/12			/12	/6	/12			/4	/50
	15	/4	/8			/6	/17	/6		/5	/4	/50
	16	/4	/8	/6	/7	/7	/7			/7	/4	/50
	17	/4	/8		/7	/6	/16	/5			/4	/50
	18	/4	/10		/4		/14	/4		/10	/4	/50
	19	/4	/8				/6	/13	/8	/7	/4	/50
	20	/4	/12		/6	/6	/7	/6		/6	/3	/50
	21	/4	/8		/22			/5		/7	/4	/50
	22	/10	/8			/14	/6			/8	/4	/50
	23	/4	/7		/7	/5	/7		/16		/4	/50
	24	/4	/8		/22	/5				/7	/4	/50
	25	/4	/10		/6	/8		/4	/8	/6	/4	/50
	26	/4	/8		/17	/11				/6	/4	/50
	27	/4	/8		/20			/4		/10	/4	/50
	28	/4	/6		/23	/6				/7	/4	/50
読み比べ	1	/6		/6	/17				/17	/4		/50
読み比べ	2	/6	/6		/8	/8	/12	/4		/6		/50